W0335169

Realschule Bayern

À toi! 3

Carnet d'activités

Mit Förderübungen im Extra-Heft

Deine **interaktiven Gratis-Übungen** und **Audios** findest du auf scook.de/bayern. Dort gibst du den unten stehenden Zugangscode in die Box ein.

Dein Zugangscode auf www.scook.de/bayern | 4fagg-qtyuc

Cornelsen

À toi! 3 **Realschule Bayern**
Carnet d'activités

Im Auftrag des Verlages erarbeitet von:
Catherine Mann-Grabowski, Prof. Dr. Jürgen Mertens

und der Redaktion Französisch:
Julia Goltz (Projektleitung), Jana Silckerodt sowie Iris Gleimann, Sophie Ortiz-Vobis,
Clara Lehmann (Studentische Aushilfe)
Bild- und Rechteklärungen: Nicole S. Abt, Tina Becker

Illustrationen: Laurent Lalo
Umschlaggestaltung: werkstatt für gebrauchsgrafik, Berlin
Layout und technische Umsetzung: graphitecture book & edition

Umschlagfoto: stock.adobe.com/aterrom

Symbole und Verweise

online, siehe Code S. 1 (z. B. Track 2)	Schriftliche Aufgabe (Textproduktion)
Differenzierung:	Hier passt S. 13, Übung 1 im Lehrbuch.
○ leichtere Übung	Partnerarbeit
● anspruchsvollere Übung	DELF Diese Übung eignet sich besonders für die Vorbereitung auf die DELF-Prüfung
Sprachmittlungsübung	

www.cornelsen.de

Soweit in diesem Lehrwerk Personen fotografisch abgebildet sind und ihnen von der Redaktion fiktive Namen, Berufe, Dialoge und Ähnliches zugeordnet oder diese Personen in bestimmte Kontexte gesetzt werden, dienen diese Zuordnungen und Darstellungen ausschließlich der Veranschaulichung und dem besseren Verständnis des Inhalts.

Die Mediencodes enthalten zusätzliche Unterrichtsmaterialien, die der Verlag in eigener Verantwortung zur Verfügung stellt.

Im Lernmittel wird in Form von Symbolen auf eine CD verwiesen; diese enthält – bis auf die Hörverstehensübungen – ausschließlich optionale Unterrichtsmaterialien. Die CD unterliegt nicht dem staatlichen Zulassungsverfahren.

Alle Drucke dieser Auflage sind inhaltlich unverändert und können im Unterricht nebeneinander verwendet werden.

Druck: Athesiadruck GmbH

1. Auflage, 1. Druck 2021
Schülerheft mit Audios online
ISBN 978-3-06-122241-3

1. Auflage, 1. Druck 2021
Schülerheft mit Audios und interaktiven Übungen online
ISBN 978-3-06-122243-7

1. Auflage, 1. Druck 2021
Lehrerfassung
ISBN 978-3-06-122242-0

PEFC zertifiziert
Dieses Produkt stammt aus nachhaltig bewirtschafteten Wäldern und kontrollierten Quellen.
www.pefc.de
PEFC/18-31-166

Tu es en forme pour la rentrée? facultatif

Vocabulaire et expression

Shutterstock.com/GoneWithTheWind

1 a **Jérôme est nouveau à Paris et il cherche des amis. Il se présente sur un forum. Complète par les mots et les expressions qui manquent.**

____________________ Jérôme Lilut. ____________________

de Montpellier. Maintenant, ____________________ Paris.

____________ 14 ans et demi. J'ai trois frères. Je n'ai pas d'animaux.

____________________ ____________________, c'est le français. ________________

beaucoup la musique: ____________________ accordéon. ____________________

le sport! ____________________ foot et ____________________ handball dans

un club et je vais souvent à la piscine. ____________________ fromage, c'est l'horreur mais

____________________ fruits. Et toi?

b **Réponds à Jérôme et présente-toi. Écris dans ton cahier (60–80 mots).**

2 **Un après-midi sympa! Retrouve d'abord les mots puis mets le bon numéro dans chaque bulle.**

1 Moi, j'ai faim. Je pérfrèe prendre des tesfri. **2** J'enttads dipeus herues deux! Tu es où? **3** Je vais esyaers cette jeup! **4** Oh! Excuse-moi! J'ai predu ma metron! **5** J'ai sfoi! On penrd un jus d'anoreg? **6** C'est tujorous comme ça acev les fellis! **7** Je trouve que les ceulorus sont mehcos!

1. Moi, j'ai faim. Je ____________________

____

____

____

Compréhension de l'oral

3 a Tu es à Paris, à la gare de l'Est. Tu veux aller chez un copain, mais tu ne retrouves pas le chemin. Tu lui téléphones. Écoute et retrouve le chemin.

b Écoute encore une fois. Note le nom de la rue où ton copain habite.

____

Production orale

4 Tu rencontres un copain / une copine et vous parlez des vacances. Qui est A et qui est B? Jouez le dialogue puis échangez les rôles.

Partenaire A (le copain / la copine)	**Partenaire B** (toi)
– Frage, wo **B** die Ferien verbracht hat.	– Antworte, dass du mit deiner Familie in den Cevennen warst.
– Frage, was **B** dort gemacht hat.	– Antworte, dass ihr gezeltet habt und Mountainbike gefahren seid.
– Frage, ob **B** auch eine Stadt gesehen hat.	– Bejahe: Du warst in Nîmes und in Montpellier.
– Frage, ob **B** auch am Meer war.	– Bejahe: Ihr habt eine Woche in Palavas-les-Flots verbracht und du hast dort einen netten Jungen / ein nettes Mädchen kennengelernt.
– Du willst wissen, wie der Junge / das Mädchen heißt.	– Antworte und sage, wie er/sie heißt.
– Frage, ob **B** seine/ihre Adresse hat.	– Bejahe. Sage, dass du aber lieber chattest.

Production écrite

5 Réponds à Victoire et donne-lui des conseils. Tu peux utiliser un dictionnaire. Écris dans ton cahier (60–80 mots).

J'ai trop de devoirs!
Je travaille le soir jusqu'à 21 heures, c'est l'horreur! J'ai des problèmes pour organiser mes devoirs et je n'ai plus de temps pour mes hobbys! Qu'est-ce que je peux faire?
Victoire, 14 ans

Tu pourrais ____.
Il ne faut pas baisser les bras.
Il faut + *inf.* / Il ne faut pas + *inf.*
Je te comprends bien.
Essaie!
Tu dois + *inf.*
C'est dur, mais ____.

Compréhension des écrits

DELF **6** **Qui est-ce qui porte un pantalon vert? Lis les phrases et trouve la solution.**

La matière préférée de Hasna, c'est la musique. Il écoute Stromae. Il a toujours faim. Paul porte souvent un jean noir. Sa passion, ce sont les animaux. Il veut un chien mais ses parents ne sont pas d'accord. Léo fait beaucoup de vélo. Il a un look sympa: il ne quitte jamais sa casquette bleue. Sébastien adore le basket. Il n'est pas dans un club. Il retrouve ses copains au parc pour jouer. Sami aime aussi la musique et les animaux. Son meilleur copain, c'est son chien.

Qui est-ce qui porte un pantalon vert? ______________________________

Médiation

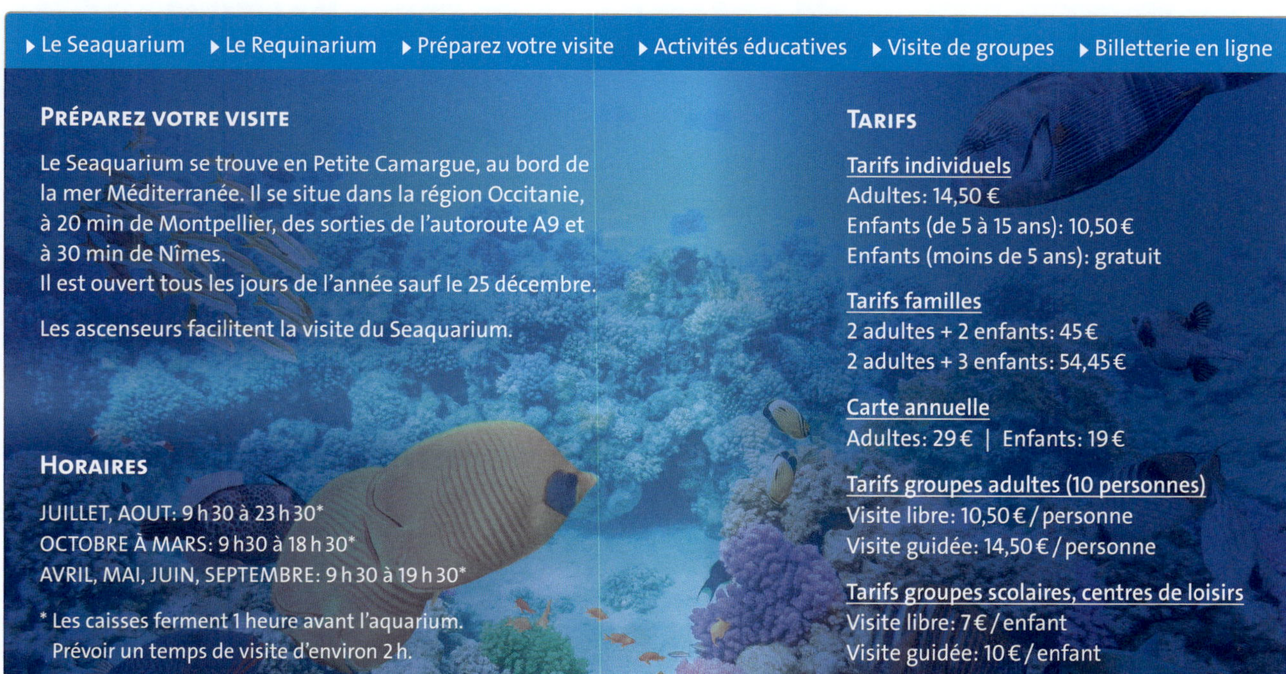

▸ Le Seaquarium ▸ Le Requinarium ▸ Préparez votre visite ▸ Activités éducatives ▸ Visite de groupes ▸ Billetterie en ligne

PRÉPAREZ VOTRE VISITE

Le Seaquarium se trouve en Petite Camargue, au bord de la mer Méditerranée. Il se situe dans la région Occitanie, à 20 min de Montpellier, des sorties de l'autoroute A9 et à 30 min de Nîmes.
Il est ouvert tous les jours de l'année sauf le 25 décembre.

Les ascenseurs facilitent la visite du Seaquarium.

HORAIRES

JUILLET, AOUT: 9 h 30 à 23 h 30*
OCTOBRE À MARS: 9 h30 à 18 h 30*
AVRIL, MAI, JUIN, SEPTEMBRE: 9 h 30 à 19 h 30*

* Les caisses ferment 1 heure avant l'aquarium.
Prévoir un temps de visite d'environ 2 h.

TARIFS

Tarifs individuels
Adultes: 14,50 €
Enfants (de 5 à 15 ans): 10,50 €
Enfants (moins de 5 ans): gratuit

Tarifs familles
2 adultes + 2 enfants: 45 €
2 adultes + 3 enfants: 54,45 €

Carte annuelle
Adultes: 29 € | Enfants: 19 €

Tarifs groupes adultes (10 personnes)
Visite libre: 10,50 € / personne
Visite guidée: 14,50 € / personne

Tarifs groupes scolaires, centres de loisirs
Visite libre: 7 € / enfant
Visite guidée: 10 € / enfant

Shutterstock.com/Brian Kinney

FR/DE DELF **7** **Au mois d'août, tu es en vacances à Nîmes avec tes parents et ta sœur (4 ans). Vous voulez visiter le Seaquarium. Lis et prends des notes en allemand.**

1. Was ist für euch günstiger: die Einzelkarte oder der Familientarif?
2. Ihr kommt um 17 Uhr 30 beim Seaquarium an. Lohnt sich der Besuch noch?
3. Die Familie deines Austauschschülers möchte euch begleiten. Der Vater benutzt Gehhilfen. Ist das Aquarium dafür eingerichtet?
4. Die Familie deines Austauschschülers (Eltern und die drei Kinder: 15 sowie Zwillingsmädchen von 9 Jahren) geht zwei Mal im Jahr ins Aquarium. Lohnt sich eine Jahreskarte?

Unité 1 Bienvenue à Paris

Approches

11|1 **1** a Voilà Paris. Relie les photos aux mots correspondants.

A 
1

B 

C 

1 les bateaux-mouches

2 le marché Barbès

3 l'île Saint-Louis

4 les Catacombes

5 le Louvre

6 les Champs-Élysées

D 

E 

F 

b Lis les textes p. 8–10. Écris pour chaque endroit de a une phrase dans ton cahier.

2 c Écoute. Où sont-ils? Note les numéros des conversations correspondantes dans les photos de a.

DELF 11|1 **2** Va sur le site «Do you speak touriste?» (→ Choisir une nationalité 🇩🇪 → Voir la fiche). Trouve les infos suivantes:

1. Quels sont les monuments les plus visités …
   - 🇩🇪 … par les Allemands? ______________________
   - 🇫🇷 … par les Français? ______________________
2. Combien dépense[1] un Allemand par jour à Paris? ________ €
3. Est-ce que tous les visiteurs allemands veulent revenir[2] à Paris? ______________________

1 **dépenser** ausgeben 2 **revenir** wiederkommen

11|3 **3** a **Pourquoi est-ce que ces touristes aiment Paris? Relie.**

J'adore la tour Eiffel **1**

Je voudrais aller à la Seine **2**

Je veux visiter les Catacombes **3**

Pour moi, Paris est la ville la plus intéressante **4**

J'aimerais visiter les Docks **5**

Je vais toujours aux semaines de la mode **6**

a parce que j'adore la mode, le design et les concerts.

b parce qu'il y a les meilleurs cafés, les plus beaux musées et beaucoup de magasins.

c parce que c'est l'endroit le plus haut de Paris.

d pour voir les vêtements de demain.

e pour faire un pique-nique romantique.

f parce que c'est horrible, mais moi, j'adore ça!

b **À toi! Regarde les pages 8–10 et note trois phrases sur le modèle de a dans ton cahier.**

11|3 **4** a **Est-ce que tu connais Paris? Pose les questions et utilise le superlatif. N'oublie pas d'accorder l'adjectif.**
▶ Grammaire, p. 20/1

1. l'endroit / + romantique / Paris?

   Où est-ce qu'on trouve ______________________________

2. le tableau / + célèbre / Paris?

   ____

3. la tour / + haut?

   ____

4. les fruits et les légumes / – cher?

   ____

5. les glaces / + ! bon?

   ____

b **Réponds aux questions de a. Souligne la bonne réponse et trouve le mot-clé.**

1. N aux semaines de la mode
   O aux Catacombes
   P à la Seine

2. A au Louvre
   B au musée du quai Branly
   C sur les Champs-Élysées

3. P loin de Paris
   Q près de Paris
   R à Paris

4. L aux Champs-Élysées
   I au marché Barbès
   J au marché Saint-Michel

5. L sur le Pont des Arts
   T aux Catacombes
   S chez Berthillon

Lösungswort: ☐☐☐☐☐

Shutterstock.com/givaga

1A Vous vous sentez bien à Paris?

1

Trouve l'intrus. Coche.

1. ☐ la plage ☐ le touriste ☐ les vacances ☐ l'arrondissement
2. ☐ se doucher ☐ se maquiller ☐ s'entraîner ☐ se coiffer
3. ☐ l'après-midi ☐ le soir ☐ la semaine ☐ le matin
4. ☐ se lever ☐ se sentir ☐ se réveiller ☐ se coucher
5. ☐ un Parisien ☐ un professeur ☐ un vendeur ☐ un garçon de café

2

a **Trouve les formes du verbe *conduire*. Complète le tableau.**
▶ Les verbes, p. 139

C	O	N	D	U	I	S	O	N	S
C	O	N	D	U	I	S	E	N	T
O	L	C	O	N	D	U	I	T	E
N	S	P	C	O	N	D	U	I	S
D	A	R	O	I	S	I	E	N	S
U	C	O	N	D	U	I	T	C	O
I	N	D	D	U	I	S	E	N	T
S	C	O	U	M	M	E	D	E	S
E	F	O	I	U	S	C	E	S	T
Z	L	H	S	O	R	R	E	U	R

conduire

je ______________

tu ______________

il/elle/on ______________

nous ______________

vous ______________

ils/elles ______________

passé composé

j'ai ______________

b **Qu'est-ce que cet homme dit? Note toutes les lettres qui restent. Mets les signes.**

____

13|4

3

Dans le métro parisien. Complète par les verbes pronominaux au présent. ▶ Grammaire, p. 20/2

se maquiller   se dépêcher   s'habiller   se sentir
se coucher (2x)   s'amuser   s'entraîner (2x)

1. À Paris, les gens ______________ tous les jours. Tout le monde est stressé. À mon avis, c'est une ville de fous.
2. Je pense que tu ______________ trop tard! Il faut ______________ avant minuit!

3. – Qu'est-ce que vous faites?

– Eh bien, je ______________________ et lui, il ______________________!

4. Eh, les jeunes, vous ______________________ bien?

5. – Vous ______________________ beaucoup?

– Bien sûr. Nous ______________________ tous les jours ici.

6. – Vous ne ______________________ pas bien à Paris?

– Non! Je pense depuis des années: «Cette année, on déménage[1].»

1 **déménager** umziehen

13|5

4 a **Alexis se présente sur le blog «Comment est-ce que tu te sens dans ta ville?». Retrouve les phrases correctes et rajoute les signes de ponctuation.**

Shutterstock.com/garetsworkshop

Salut, les copains!

1. quinze ans | suis | J'ai | et | je | en troisième

____

2. arrondissement | Depuis | quatre ans | j'habite | dans le treizième | à Paris

____

3. il faut toujours | ce | n'est | Le matin | se dépêcher | normal | pas

____

4. je | lève tôt | me | habille | douche | et je me | Je | m'

____

5. je | au | mes | joue | basket | avec | Le soir | copains

____

6. Le parc, c'est | et on | terrain de jeux | notre | s'amuse | beaucoup là-bas

____

7. Et toi | sens | bien | te | ville? | tu | ta | dans

____

3

b **Écoute et compare. Est-ce que tu as trouvé les bonnes phrases?**

c **C'est comment, là où tu vis? Qu'est-ce que tu aimes et pourquoi? Réponds à Alexis. Tu peux prendre son texte et les textes, p. 12, comme modèle. Écris dans ton cahier (60–80 mots).**

13|5

1B On ne connaît pas le chemin

▶ 14|1 **1** a **Les moyens de transport. Complète par** *la voiture, le train, le métro, l'avion, le RER, le bateau* **et** *le bus*.

aller

en voiture[1] ____________________

en avion[2] ____________________

____

____

____

1 **la voiture** das Auto
2 **l'avion** *m.* das Flugzeug

aller **en** voiture ✓ ~~aller avec ma voiture~~

b **Réponds et utilise les mots de a. Écris des phrases complètes. Comment est-ce que tu vas …**

1. … à l'école? ____________________
2. … chez tes grands-parents? ____________________
3. … sur une île de rêve? ____________________
4. … en Australie? ____________________

▶ 15|4 **2** **Retrouve les formes du verbe** ***connaître*** **et complète.**
▶ Les verbes, p. 139

passé composé

j'ai ____________________

connaître

je ____________________
tu ____________________
il/elle/on ____________________
nous ____________________
vous ____________________
ils/elles ____________________

15|3c

3 a Dans le métro. Qu'est-ce qu'ils disent? Coche les bonnes phrases. ▶ Livre, p. 14

1. Ein Mädchen sagt, dass es sich verlaufen hat. Es fragt, wo die nächste Métrostation ist.
   - ☐ Je suis descendue. Le prochain métro, c'est quand?
   - ☐ Je suis perdue. Où est la prochaine station de métro?
   - ☐ Je ne suis pas d'ici. C'est quelle ligne de métro?

2. Jemand rät, den RER B zu nehmen und sagt, dass man nicht umsteigen muss.
   - ☐ Ne prenez pas le RER B. Il est souvent en retard.
   - ☐ Allez au RER B. C'est au 1er étage.
   - ☐ Prenez le RER B. C'est direct.

3. Jemand sagt dir, du sollst umsteigen und mit der Linie 1 Richtung „Château de Vincennes" fahren.
   - ☐ Tu descends et tu prends la ligne 1 à la station «Château de Vincennes».
   - ☐ Tu changes et tu prends la ligne 1 direction «Château de Vincennes».
   - ☐ Tu prends la ligne 1 jusqu'à la station «Château de Vincennes».

4. Du sagst, dass man mit dem RER A fahren und an der Station „Châtelet Les Halles" umsteigen muss.
   - ☐ Il faut prendre le RER A. Vous descendez à la station «Châtelet Les Halles».
   - ☐ Il faut prendre le RER A pour aller à la station «Châtelet Les Halles».
   - ☐ Il faut prendre le RER A. Vous changez à la station «Châtelet Les Halles».

4

b Est-ce que tu as coché les bonnes phrases? Écoute, lis et répète.

15|5

4 Qu'est-ce qu'on dit en français pour expliquer/demander son chemin? Complète. ▶ Les mots pour le dire, p. 215/22

1. Sie **fahren** mit der Linie 1 **in Richtung** „Châtelet".

   Vous ____________________ la ligne 1 ______________________ «Châtelet».

2. Sie **steigen** am „Gare du Nord" in die Linie 4.

   À la gare du Nord, vous ______________________ dans la ligne 4.

3. Sie **müssen** an der Station „Place d'Italie" **umsteigen**.

   Il _____________________ ______________________ à la station «Place d'Italie».

4. Sie **steigen** in „Les Halles" **aus**.

   Vous ______________________ à la station «Les Halles».

5. **Um zum Louvre zu fahren**, steige ich da an der Station „Invalides" um?

   ____, est-ce que je change à la station «Invalides»?

6. Steigen Sie **an der nächsten Station** aus und fahren Sie mit dem Bus weiter.

   Descendez ____ et continuez avec le bus.

1C C'est de l'arnaque!

1 a **Trouve les verbes de la même famille.**

1. le serveur ____________________
2. une entrée ____________________
3. la chanson ____________________
4. le jeu ____________________
5. l'arrêt ____________________
6. la douche ____________________
7. l'amour ____________________
8. les devoirs ____________________

b **Note trois expressions avec les verbes de a. Écris dans ton cahier.** ▶ Liste alphabétique, p. 174–190

Exemple: 1. servir les boissons, servir jusqu'à 9 heures, servir …

2 a **Note les formes du verbe *dire*.**
▶ Les verbes, p. 140

être: vous **êtes**
faire: vous **faites**
dire: vous **dites**

dire

je ____________________
tu ____________________
il/elle/on ____________________
nous ____________________
vous ____________________
ils/elles ____________________

passé composé

j'ai ____________________

▶ 17|3 b **Complète par les formes du verbe *dire*.**

Je ____________________: «Bonjour!»
Tu ____________________: «À bientôt!»
Elle ____________________: «Pourquoi pas?»
Nous ____________________: «Coucou!»
Vous ____________________: «C'est tout?»
Ils ____________________: «Au revoir!»

▶ 17|4 **3** **Caroline est à Paris avec son cousin Éric. Elle téléphone à Lara. Qu'est-ce que Lara dit à Manu? Écris dans ton cahier. Utilise: *Elle dit que/qu'*____ ou *Elle trouve que/qu'*____.** ▶ Grammaire, p. 21/3

Paris est formidable! Un quartier super, c'est Montmartre. Il y a souvent des concerts à Montmartre. Éric connaît beaucoup de groupes de musique. C'est génial! Il y a beaucoup de musées. Mais on peut aussi faire du shopping. Les Halles sont super! Mais les vêtements sont chers là-bas.

Caroline dit que Paris est formidable. Elle dit que ____

4 a **Qu'est-ce qu'ils disent? Écris la scène du bistro.**

17|6

1 Aline veut savoir s'il y a un menu étudiant[1].
2 Elle demande au garçon s'il y a aussi des plats végétariens.
3 Il répond que la maison propose beaucoup de plats végétariens.
4 Aline dit qu'elle prend une salade du chef en entrée et une quiche.
5 Le garçon demande si elle a aimé le plat.
6 Elle dit qu'elle a adoré la quiche.

1 **l'étudiant/e** der/die Student/in

Aline: Bonjour, Monsieur. 1 ____________________

Garçon: Je suis désolé, il n'y a pas de menu étudiant. Mais regardez les prix. Ce n'est pas cher.

Aline: 2 ____________________

Garçon: Oui, bien sûr. 3 ____________________

Aline: 4 ____________________

(Après le repas.)

Garçon: 5 ____________________

Aline: Oui. 6 ____________________

5

b **Écoute et compare tes solutions à la conversation. Puis jouez la scène à deux.**

5 a **Anissa passe trois jours à Paris avec sa famille. Elle a envoyé des cartes postales à ses amis. Travaillez à deux. Lisez d'abord les cartes postales. A lit la carte 1. B lit la carte 2.** ▶ Méthodes, p. 133/22

17|5

1 A

Salut Martin,
Paris est génial! Nous avons visité tous les sites: le Louvre (bof!), la tour Eiffel (chère!) et les Catacombes (pas très romantiques!). Le métro est compliqué, on s'est perdus deux fois. Il vaut mieux demander son chemin. Les restos sont chers, nous avons mangé des kébabs et des pizzas. On dit que chez Berthillon, il y a les meilleures glaces mais les prix, c'est de l'arnaque! Sept euros une glace, ce n'est pas donné.
Bises, Anissa

2 B

Salut Léa,
Paris est super! Nous avons fait beaucoup de visites. J'ai adoré les petits marchés, et la tour Eiffel c'était ok mais je trouve que l'entrée est trop chère. Les fringues sont chères aussi, j'ai acheté une belle ceinture. Les glaces de chez Berthillon sont les meilleures glaces mais les prix, c'est de l'arnaque! Le soir, je suis toujours crevée. On marche beaucoup mais on prend aussi le métro. On s'est perdus deux fois.
Bises, Anissa

b **Comparez les cartes postales d'Anissa. Est-ce qu'elle a écrit la même chose? A commence et raconte ce qu'Anissa a écrit sur la carte 1. Puis B continue avec la carte 2. Utilisez le discours indirect.**

1D Le monument le plus célèbre

1 a Fais ces devinettes[1]. Quel est le mot qui manque?

1. un professeur: corriger = un architecte: ? ______________________
2. une armoire: des vêtements = un garage: ? ______________________
3. le Louvre: vieux = les Docks: ? ______________________
4. le monument: visiter = une publicité: ? ______________________
5. un mètre: un kilomètre = mille: ? ______________________

1 **la devinette** das Rätsel

b Écris trois autres devinettes comme en a avec les mots que tu connais déjà. Échangez vos feuilles.

6

19|3

2 a Tu visites Paris en bateau-mouche mais le guide parle trop vite. Écoute et coche les années que tu entends. Puis écoute encore une fois et relie les années avec les sites correspondants.

- ☐ 1793
- ☐ 1989
- ☐ 1617
- ☐ 1985
- ☐ 1783
- ☐ 1889
- ☐ 1986
- ☐ 1607

la construction du Pont Neuf

l'ouverture du musée du Louvre

la construction de la pyramide du Louvre

l'ouverture du musée d'Orsay

la construction de la tour Eiffel

b Sur une feuille, tu notes les dates d'anniversaire de trois personnes de ta famille. Échangez vos feuilles et devinez qui c'est.

Exemple:
A: Le 3 février 1956, c'est l'anniversaire de ton grand-père?
B: Oui!

19|4

3 a Retrouve les phrases correctes et rajoute les signes de ponctuation. ▶ Grammaire, p. 21/4

1. y | On | kébab | un | manger | va | pour

____

2. Les | jouent | y | gens | foot | au

____

3. courses | va | pour | y | les | Tout le monde | faire

____

4. travaillent | y | garçons | Les | de café

____

5. la natation | y | va | faire | de | On | pour

____

6. y | pour | enfants | vont | Les | jouer

____

19|5

b **Lis tes phrases de a. De quel endroit est-ce qu'on parle? Note.**

1. *On va dans une sandwicherie.*
2. *On va au*
3. ______
4. ______
5. ______
6. ______

19|5

c **Fais des phrases comme en a sur ta ville / ton village. Les autres devinent de quel endroit tu parles.**

– On y voit des films sympa.
– C'est le cinéma «Scala»!

On y voit des films sympa / des tableaux / ___.
On y achète du pain / des vêtements / des livres / ___.
On y va pour faire du sport / danser / manger / ___.

19|6

4 **a** **Tu as passé trois jours à Paris avec ta classe. Un ami français te pose des questions sur ton voyage. Lis ses questions et prends des notes pour lui répondre.**

Tu es rentré/e?
Qu'est-ce que tu as fait à Paris? Qu'est-ce que tu as aimé 😊? Est-ce qu'il y a quelque chose que tu n'as pas aimé 😒? Est-ce que tu voudrais retourner à Paris une deuxième fois?
Écris-moi tout[1]!
xoxo
Matéo

1 **tout** alles

Quoi? ______________________________

😊 ______________________________

😒 ______________________________

____

DELF

b **Maintenant, réponds à Matéo à l'aide de tes notes. Pense à structurer ton e-mail avec des expressions de temps. Écris dans ton cahier (60–80 mots).** ▶ Méthodes, p. 129/17

le premier/deuxième/___ jour   le matin / à midi / l'après-midi / ___   après   puis   plus tard

c **Échange ton texte avec ton/ta partenaire. Corrigez vos textes.** ▶ Méthodes, p. 129/19

1 Fais le point

Hier überprüfst du, ob du den Stoff der *Unité 1* beherrschst. Die Lösungen findest du auf S. 93.

Les dates

7

1 **Écoute le guide et note les années dans ton cahier. Il y a une photo en trop.**

1: Bridgeman Images/Pictures from History; 2: Shutterstock.com/El Greco 1973; 3: Shutterstock.com/ The Life in Pics; 4: mauritius images/robertharding; 5:

Les verbes pronominaux

2 **Véra raconte sa journée à Isa. Complète par les verbes *trainieren* (2 x), *sich fühlen*, *sich beeilen*, *aufstehen*, *schlafen gehen*, *sich schminken*, *sich anziehen*, *sich treffen*, *duschen*.**

Salut Isa, je ______________ bien dans le quartier mais pas dans mon collège. Il est

loin de la maison, alors je ______________ tôt. Ensuite, je ______________, je

______________ et je ______________. Je ______________ pour

prendre le métro. Au collège, on a beaucoup de travail et on ne ______________ pas assez.

Mais il y a Léo! Nous ______________ le mardi au club de tennis.

Le soir, je ______________ souvent après 22 heures à cause des devoirs!

Bises Véra

P.-S.: Tu ______________ toujours avec Viki au basket?

Shutterstock.com/PremiumVector

Le superlatif

3 **Alex présente sa ville à son/sa corres. Complète ses phrases. Utilise le superlatif. Pense à faire l'accord.**

1. Ma ville est la ville ______________ (+ *écologique*), ______________ (+ *moderne*) et ______________ (+ *chic*).
2. Le Bayern Munich est l'équipe de foot ______________ (+ *célèbre*) et ______________ (+ *intéressant*).
3. Florian David Fitz est l'acteur ______________ (+ *romantique*) et ______________ (– *stressé*).
4. Le kébab est notre (+ *bon*) ______________ spécialité et le plat ______________ (– *traditionnel*).

Le discours indirect et l'interrogation indirecte

4 **Ton/Ta corres et toi, vous visitez Berlin. Votre guide parle allemand. Tu expliques ce qu'il dit. Écris les phrases dans ton cahier. Utilise le discours indirect.**

1. Kennt ihr Berlin schon?
2. Berlin ist die Hauptstadt Deutschlands.
3. Für mich ist Berlin die interessanteste Stadt Deutschlands.
4. Hier seht ihr den Fernsehturm, die berühmteste Sehenswürdigkeit der Stadt.
5. Wollt ihr ihn jetzt oder später besuchen?
6. Wollt ihr lieber im Einkaufszentrum shoppen?

Le pronom *y*

5 **On y va! Fais d'abord les réponses (à droite). Puis relie les questions aux réponses.**

On prend le métro pour aller au stade?	1	a	y des servent escargots. Ils
Qu'est-ce qu'il y a sur le boulevard Barbès?	2	b	vaut à aller Non, il mieux y pied.
Le rendez-vous est à quelle heure?	3	c	est Non, allés hier. y on
Pourquoi est-ce qu'il passe par le stade?	4	d	chères. acheter fringues peut On y des pas
Qu'est-ce qu'on mange dans ce restaurant?	5	e	du y ses Il copains foot. retrouve
Vous allez à la piscine dimanche?	6	f	dix heures. faut à Il être y

Qu'est-ce qu'on dit?

6 **Du sagst, dass ...**

1. ... der Eiffelturm die berühmteste Sehenswürdigkeit von Paris ist.

2. ... du dich in Paris wohl fühlst.

3. ... du es nicht magst, früh aufzustehen.

4. ... du mit der U-Bahn zur Schule fährst.

5. ... es besser ist, an der nächsten Station umzusteigen.

6. ... du im Restaurant zum Nachtisch immer ein Eis nimmst.

Die Lösungen findest du auf der Seite 93.

Tu es en forme pour l'unité 2? facultatif

1 a **Qu'est-ce qu'ils font? Regarde le dessin et fais une liste de toutes les activités dans ton cahier.**
▶ Liste alphabétique, p. 191

b **Regarde le dessin pendant dix secondes. Puis ferme le carnet d'activités et nomme un maximum d'activités possibles.**

c **Complète ta liste de a par d'autres activités que tu connais.** ▶ Liste alphabétique, p. 174

2 **Donne ton avis. Relie les phrases qui vont ensemble. Complète par les mots qui manquent.**
▶ Les mots pour le dire, p. 215/23

Ich sage, dass ich etwas hässlich finde. **1**	**a** Ça m'est ____________________.
Meiner Meinung nach kann man zu diesem Lied super tanzen. **2**	**b** ____________________ dépend.
Ich sage, dass mir etwas egal ist. **3**	**c** Je ____________________ que c'est moche.
Ich sage, dass etwas nicht mein Ding ist. **4**	**d** Ce n'est pas mon ____________________.
Ich finde, dass etwas doof ist. **5**	**e** C'est ____________________.
Ich sage, dass es darauf ankommt. **6**	**f** À mon ____________________, cette chanson est top pour danser.

3 Qu'est-ce qu'ils disent? Complète par les pronoms objet direct/indirect.

me	te	le/la	nous	vous	les
me	te	lui	nous	vous	leur

– Tu me comprends?

– Non, je ne ____________ comprends pas.

– Papa, tu ____________ vois?

– Non, je ne ____________ vois pas!

– Tu ____________ trouves comment?

– Pas mal.

– Tu ____________ as parlé?

– Non, pas encore.

– Tu ____________ as téléphoné?

– Oui, mais ils n'ont pas leurs portables.

– Tu peux ____________ porter pour moi?

– Bien sûr!

8 DELF

4 De qui est-ce qu'ils parlent? Écoute et coche. Attention, il y a deux personnes en trop.

Louise

Aurélie

Jean

Vincent

Yasmina

Philippe

5 Nina parle de son mercredi après-midi. Complète. Utilise le passé composé avec *avoir* ou *être*.

il a regardé	elle a regardé
il est allé	elle est allée

Mercredi, après le collège, je ______________________________ (*rentrer*) avec Paul. Nous ______________________________ (*prendre*) le bus pour aller à la maison. Mais là, je n'________ pas ____________ (*trouver*) mes clés. On __________________ (*devoir*) attendre ma sœur. Mon portable ne marche plus, alors, je n'________ pas ____________ (*pouvoir*) l'appeler. À 14 heures, nous ______________________________ (*acheter*) une pizza dans la sandwicherie rue Victor Hugo. Puis, nous ______________________________ (*attendre*) devant la porte pendant une heure ... À 16 heures, ma sœur ______________________________ (*arriver*)! Après, Paul et moi, on ____________________ (*faire*) nos devoirs, on __________________ (*manger*) des tartines, et le soir, on ____________________ ____________ (*aller*) au cinéma.

Unité 2 Amours et amitiés

Approches

RÉVISER

1 a **Tu connais déjà beaucoup d'adjectifs pour parler d'une personne! Retrouve les 14 adjectifs cachés dans la grille. Fais une liste dans ton cahier. Puis note à côté de chaque adjectif la forme au féminin.**

R	I	N	T	D	R	Ô	L	E	A	N	T
O	N	D	V	H	A	L	F	J	O	L	I
A	C	I	L	R	M	M	O	C	H	E	O
A	R	Q	L	P	A	N	R	U	[illegible]	L	U
W	O	K	B	R	N	E	M	N	I	S	D
S	Y	M	P	A	T	H	I	Q	U	E	R
É	A	O	R	T	Q	O	D	O	R	X	M
H	B	T	É	I	U	R	A	B	N	A	O
G	L	I	F	Q	I	R	B	L	O	N	D
K	E	V	É	U	E	I	L	E	I	L	E
S	Y	É	R	E	M	B	E	R	R	O	R
É	G	L	É	N	U	L	Y	P	R	U	N
R	A	M	O	U	T	E	X	U	P	P	E
R	Ô	L	E	G	E	N	T	I	L	I	U

b **Anatole parle de ses amis. Complète les phrases avec les adjectifs de a.**

1. J'aime bien Leila mais j'adore Nadine. Nadine est vraiment ma copine ____________________!
2. Valentin n'aime pas faire ses devoirs. Mais pour préparer un exposé ensemble, il est toujours très ____________________. C'est un super copain.
3. Anne et Lili sont deux sœurs. Anne a les yeux bleus et les cheveux ____________________. Lili a les yeux verts et les cheveux ____________________. Elles sont très ____________________ toutes les deux!

4. Avec Julien, on s'amuse beaucoup. Il est ____________________ et très ____________________!
5. Jean aide toujours tout le monde. C'est un garçon super ____________________!
6. Rachel n'aime pas écouter mes problèmes. Elle est ____________________ pour donner des conseils.

2 a **On peut faire plein d'activités avec ses amis. Trouve pour chaque série le verbe qui convient.**

aller être faire jouer passer prendre

1. de la musique – au foot – à un jeu vidéo – de la guitare – au mémory: ____________________
2. un week-end à Paris – des vacances à la mer – chez lui – un moment sympa: ____________________
3. des spaghettis – de l'escalade – l'idiot – les courses – les devoirs: ____________________
4. au cinéma – à l'école – chez des copains – à pied ou à vélo: ____________________
5. un coca – le bus – son temps – des risques – la vie avec humour[1]: ____________________
6. motivé – content d'être ensemble – à l'aise – à la mode – sportif: ____________________

1 **l'humour** *m.* der Humor

b Et toi, qu'est-ce que tu aimes faire avec tes amis? Fais une liste. Dis aussi pourquoi. (▶ a).

3 **a** **Rémi a des problèmes avec son smartphone. Complète les messages de ses amis.** ▶ Liste des mots, p. 149

Rémi

Blanche Cher Rémi, à la maison en ce moment, c'est la cata, mais mon copain m___ r___m___nt___ l___ m___r___l! Il est vraiment super gentil! Bisous bisous, ta cousine préférée, 18:34

Mathilde Rémi chéri, r___nd___z-v___ ___s au café des Arts, on prend un coca et j___ t___ d___s t___ ___t, d'accord? 18:42

Luc Écoute Rémi, on peut s'___ntr___ ___d___r, tu ranges ma chambre et je fais tes exercices de maths, d'accord? 18:49

b **Traduis les messages de a. Écris dans ton cahier.**

25|3 **4** **Notre amitié en images. Retrouve l'ordre des mots et forme des phrases avec *où*. Puis relie chaque phrase à la bonne image.**

1

2

3

4

5

a je | le carrefour | où | pour la première fois | parlé | lui | ai

Voilà ______________________________

____

b raconté | le café | a | sa vie | m' | où | il

Voilà ______________________________

____

c le cinéma | nous | Harry Potter 1–8 | avons | où | regardé

Voilà ______________________________

____

d passé | le camping | avons | nous | nos premières vacances | où

Voilà ______________________________

____

e avons | où | ensemble | chaviré | la côte | nous

Voilà ______________________________

____

2 A Un meilleur ami, qu'est-ce que c'est pour toi?

26|1

1 a Pour parler de l'amitié. Relie les expressions.

J'ai confiance	1	a	que moi.
Elle est pareille	2	b	les mêmes choses.
Je l'admire	3	c	ensemble, on est plus fort!
Je ne suis pas d'accord	4	d	avec toi.
Lui et moi, on aime	5	e	parce qu'elle comprend tout!
On a beaucoup de respect	6	f	en lui.
On s'entraide et	7	g	l'un pour l'autre.

b Voici les commentaires de Liane et Élias qui parlent de leurs amis. Complète les phrases avec des expressions de a.

1. Noémie est ma meilleure amie: On aime les mêmes vêtements, on écoute la même musique. ______________________________!

2. Je raconte tous mes secrets à Hervé parce que ______________________________.

3. Ma copine Rachel est une intello. ______________________________.

4. Moustapha et moi sommes très différents, mais ______________________________.

5. Je suis bonne en français et Luc est bon en maths. Alors, pour les devoirs, ______________________________.

6. Tom et moi, on fait tous les deux de l'athlétisme et on est fan de séries américaines. C'est comme ça, ______________________________!

7. Non, là, j'ai un autre avis, ______________________________!

27|4

2 À ton avis, c'est qui: *père/mère, frère/sœur, pote, ami/amie* ou *petit ami / petite amie*? Choisis un nom et complète les définitions avec *qui* ou *que*. Puis compare et discute avec ton/ta partenaire. ▶ Grammaire, p. 34/1

1. Un/Une ______________, c'est quelqu'un ________ habite avec toi et ________ a les mêmes parents.
2. Un/Une ______________, c'est quelqu'un ________ tu rencontres au collège ou ________ partage tes hobbys et ________ tu aimes bien.

3. Un/Une ______________________, c'est quelqu'un ________ tu peux toujours appeler quand[1] tu as un problème.

4. Un/Une ______________________, c'est quelqu'un ________ tu comprends même sans parler.

5. Un/Une ______________________, c'est quelqu'un ________ tu aimes embrasser[2].

6. Un/Une ______________________, c'est quelqu'un ________ peut faire 30 kilomètres à vélo pour te voir.

7. Un/Une ______________________, c'est quelqu'un ________ te prépare ton plat préféré quand tu n'as pas le moral.

1 **quand** wenn, immer wenn
2 **embrasser qn** jdn küssen

27|5

3 a Note pour chaque dessin une définition dans ton cahier. Utilise *où, qui, que/qu'* et *pour* + infinitif.

C'est	un endroit	où	___.
	un truc un animal un sport une personne quelqu'un	qui que/qu'	
	quelque chose	pour	

b Travaillez à deux. Lis une définition de a à ton partenaire. Il/Elle devine de quoi il s'agit (1 – 10).

27|6

4 Entre amis, on se dit tout! Choisis au moins trois débuts de phrase et écris trois messages personnels pour un ami / une amie.

A *La qualité* __________ *je préfère chez toi, c'est* ______________________
______________________________________.

B Un défaut ________ je déteste chez toi, c'est ______________________
______________________________________.

C *Pour moi, dans l'amitié,* ______________________, *c'est ça qui compte!*

D Je t'admire parce que ______________________.

E Parfois, tu m'énerves parce que tu ______________________ mais
______________________________________!

F L'endroit __________ j'aime bien passer du temps avec toi, c'est ______________________
______________________________________.

2 B Est-ce que tu es plutôt copain ou plutôt famille?

ENQUÊTE Avec mes parents …

… je fais du sport!

«Avec mon père, on va souvent à la piscine. C'est moi qui l'entraîne, il n'aime pas trop le sport. Il fait ça parce qu'il aime passer du temps avec moi.»
MARTIN, 15 ANS

«Je n'aime pas trop les piscines mais c'est quand même un plaisir parce que je n'ai pas souvent l'occasion de passer du temps avec Martin.»
PHILIPPE, 49 ANS

stock.adobe.com/Graham Oliver/dglimages

L'info + 21 % des parents font du sport avec leurs enfants plusieurs fois par mois.

… je fais mes devoirs!

«Mes parents m'aident à faire mes devoirs. Surtout en géométrie et aussi en français pour l'orthographe[1]. Une fois qu'ils m'ont tout expliqué, je quitte la cuisine et je retourne dans ma chambre parce que mon petit frère m'énerve[2].» BENJAMIN, 14 ANS

«Nous rentrons tard le soir mais on essaie d'être là pour les enfants.»
SOPHIE, 45 ANS ET NICOLAS, 43 ANS

Shutterstock.com/New Africa

L'info + 63 % des parents aident leurs enfants à faire leurs devoirs.

… je regarde la télé!

«On fait souvent une soirée[3] télé avec mon frère et ma mère sur le canapé. Notre chien Pipo participe aussi. On regarde la météo[4], le JT[5] et des séries. On fait aussi des soirées cinéma avec un ou deux films. On mange même devant le film: pizza ou pop-corn!»
CHARLOTTE, 15 ANS

«La télé, c'est bien pour faire une pause le soir avant de[6] se coucher. On passe un bon moment en famille: on parle, on fait des commentaires sur le film qu'on regarde. Et puis, on se compare aux personnages[7], c'est rigolo!» DENISE, 46 ANS

Shutterstock.com/Golden Pixels LLC

L'info + La télé est la première «activité» pratiquée en famille: 7 familles sur 10 regardent la télé ensemble ou utilisent des sites de streaming plusieurs fois par semaine.

1 **l'orthographe** *f.* die Rechtschreibung
2 **énerver qn** jdn nerven
3 **la soirée** der Abend
4 **la météo** der Wetterbericht
5 **le JT (journal télévisé)** die Nachrichten
6 **avant de** bevor
7 **le personnage** die Figur

DELF ▶ 28|1

1 Qu'est-ce que les ados français font en famille? Lis le texte, coche et justifie.

	Vrai	Faux	Ligne(s)
1. Martin et son père aiment le sport et les piscines.	☐	☐	______
2. Le père de Martin aime passer du temps avec son fils.	☐	☐	______
3. Benjamin aime faire ses devoirs à côté de ses parents et de son petit frère.	☐	☐	______
4. Sophie et Nicolas aident leurs enfants à faire leurs devoirs.	☐	☐	______
5. La mère de Charlotte pense que les jeunes ne doivent pas regarder la télé le soir.	☐	☐	______
6. La mère de Charlotte ne veut pas que les enfants mangent devant la télévision.	☐	☐	______
7. Les Français préfèrent la télé en famille au sport en famille.	☐	☐	35–36

2 **Complète les phrases par *à qui, de qui, chez qui, pour qui* et *avec qui*.** ▶ Grammaire, p. 34/2

1

2

3

4

5

6

3 **Voici des questions pour interviewer quelqu'un. Réponds aux questions.** ▶ Grammaire, p. 35/3

1. Qu'est-ce que tu aimes regarder à la télé avec ta famille?

   On adore regarder ____

2. Qu'est-ce que vous faites le dimanche dans ta famille?

   ____

3. Qui est-ce qui fait la cuisine chez vous à la maison?

   ____

4. Tu as un problème. Qui est-ce que tu appelles?

   ____

5. Qui est-ce qui te remonte le moral?

   ____

6. Qui est-ce que tu invites à ton anniversaire? Plutôt ta famille ou tes amis?

   ____

2 C Elle est dans ma tête

1 a **Est-ce qu'ils sont tous contents? Relie. Fais attention à l'accord de l'adjectif.**

Aurélie **1**		**a**	amoureux.
Patrick **2**	sont	**b**	heureux et content.
Virginie et Marie **3**	est	**c**	malheureuses.
Ibrahim et Carla **4**		**d**	joyeuse.

b **Qui ne va pas bien?** ______________________

31|4

2 a **GRAMMAIRE MIXTE: Qu'est-ce qu'ils font? Fais des phrases et trouve la solution pour chaque situation. Commence par *Quand*.**

1

être à la maison / *faire* des photos de son chat

Quand elle est à la maison, elle ______________________

____

____

2

être malheureux / *dessiner* des monstres noirs

____

____

____

3

être joyeux / *danser*

____

____

____

4

avoir une interro / *paniquer*

____

____

____

5

ne pas *avoir* le moral / ne plus *ranger* sa chambre

____

____

____

6

aller au cinéma avec son père / *être* content

____

____

____

b **Et toi? Qu'est-ce que tu fais dans ces situations? Complète les phrases.**

1. Quand j'ai les idées noires, je/j' ______________________.
2. Quand je suis joyeux/joyeuse, je/j' ______________________.

3. Quand j'ai des problèmes avec mes amis, je/j' ______________________________.

4. Quand mes parents m'énervent, je/j' ______________________________.

5. Quand j'ai 18 sur 20 à l'école, je/j' ______________________________.

6. Quand je veux m'amuser, je/j' ______________________________.

31|5 **3** a **Radio Ado a interviewé Tom, Pauline et Emma: les trois jeunes parlent de leurs groupes préférés.** | Sieh dir die Tabelle unten (▶ b) an. Beim Heraushören der gefragten Informationen helfen dir Signalwörter. Bereite dich auf das Hören vor: Lies noch einmal den ersten Satz dieser Aufgabenstellung. Streiche dann die Signalwörter durch, die hier nicht passen.

Quand?	le matin, l'après-midi, ~~à la cantine~~, le samedi soir, au petit-déjeuner, tout le temps
Avec qui?	les parents, la famille, le vélo, les copains, la petite amie / le petit ami, mon meilleur ami / ma meilleure ami/e, le principal
Pourquoi?	pour se sentir mal, pour préparer les interros, pour se sentir mieux, pour être joyeux/joyeuse, pour téléphoner

9
DELF
31|6

b **Écoute l'interview et écris les informations dans le tableau. Puis écoute encore une fois et complète le tableau. Tu peux réécouter l'interview plusieurs fois.**

Qui?	Quels groupes?	Quand?	Avec qui?	Pourquoi?
________	 TRYO	________ ________ ________	________ ________ ________	________ ________ ________
________	 ZAZ	________ ________ ________	________ ________ ________	________ ________ ________ ________
________	 SHAKA PONK	________ ________ ________	________ ________ ________	________ ________ ________

2 D Qu'est-ce que tu voudrais regarder ce soir?

▶ 32|1 **1** Lis le texte dans ton livre, p. 32. Qu'est-ce que tu apprends sur ces personnages? Écris les informations sous forme d'un associogramme dans ton cahier.

1	2	3	4	5
Tintin	Milou	Captain Haddock	Lou	No

▶ 33|4 **2** Complète ces trois descriptions du programme de télé par les mots de l'encadré.

acteur aventures chanteur chanteuse effets spéciaux émission film d'animation héros histoire scènes talent thème

TV

1. «**Astérix: Le domaine des dieux**[1]» est un ______________.

Le ______________ est un jeune Gaulois[2]. Il y a plein de ______________

drôles!

2. «**The Voice**» est une ______________

de télé sur le ______________ de

la chanson. Le public choisit[3] le meilleur

______________ ou la meilleure ______________.

3. «**L'écume des jours**[4]» est un film fantastique avec plein d'______________

______________. L'______________ raconte les

______________ de Colin et de sa petite amie Chloé. Roman Duris,

l'______________ qui joue Colin est très bon et Audrey Tautou qui joue Chloé a

beaucoup de ______________.

Shutterstock.com/Pixel-Shot

1 Astérix: Le domaine des dieux *dt. Titel* Asterix bei den Göttern
2 le Gaulois / la Gauloise der Gallier / die Gallierin
3 choisir qc etw. wählen, auswählen
4 L'écume des jours *dt. Titel* Der Schaum der Tage

▶ 33|3 **3** C'est le festival de Cannes. Complète avec *beau, nouveau* et *vieux*. ▶ Grammaire, p. 35/4

1

Ce film a été une ______________ aventure!

2

«Moins moche la vie»: La star de la série a un ______________ ami!

3 

C'est un film avec plein de ________________ effets spéciaux!

4 

Tu as déjà vu le ____________ ______________ film avec Omar Sy? Il est trop drôle!

5 

À Cannes, pendant le festival, on voit plein de ________________ femmes!

6 

Les ________________ copines, c'est ça qui compte!

33|4 **4** **Pour parler du programme télé, trouve les expressions qui vont ensemble. Relie.**

J'ai envie	1	a	une émission où on rigole!
Moi, les émissions sur les animaux,	2	b	de regarder ma série préférée!
Je voudrais voir	3	c	te plaisent?
Je voudrais	4	d	ça vous intéresse?
Et toi, les films avec Omar Sy	5	e	ce n'est pas mon truc!
Est-ce que le foot,	6	f	regarder un reportage intéressant!

33|5 **5** **Ton/Ta corres te propose trois films. Lis les commentaires et choisis le film que tu préfères. Note trois arguments pour ce film.**

1. **«Les seigneurs», comédie:** Patrick Orbéra a été un champion de foot mais maintenant il a 50 ans, pas de travail et il boit trop d'alcool. Il part sur une île en Bretagne pour entraîner l'équipe de foot locale. Mais les joueurs ne sont pas très bons …
2. **«Les profs», comédie:** Le lycée Jules Ferry a les élèves les plus nuls de France. Pour les sauver, on décide de leur donner les profs les plus nuls … Est-ce que des élèves nuls vont mieux apprendre avec des profs nuls?
3. **«Adèle Blanc-Sec», film d'aventure:** L'histoire se passe en 1912. Adèle est une jeune reporter qui veut sauver sa sœur. Pour cela, elle est prête à tout, même à aller chercher des momies en Égypte!

Moi, je voudrais bien regarder ______________________________ parce que …

1. ______________________________
2. ______________________________
3. ______________________________

2 Fais le point

Hier überprüfst du, ob du den Stoff der *Unité 2* beherrschst. Die Lösungen findest du auf S. 94.

Vocabulaire

1 **Vive les copains! Retrouve les mots. Note les noms avec l'article défini.**

1. tié mi a __________
2. an fi ce con __________
3. pect res __________
4. ta ger par __________
5. faut dé __________
6. li qua té __________
7. reux heu __________
8. go ri ler __________

La question

2 a **GRAMMAIRE MIXTE: Ils posent des questions. Conjugue les verbes au présent.**

b **Traduis les questions de a. Écris dans ton cahier.**

Les pronoms relatifs *qui, que, où*

3 **C'est qui? Complète le texte avec les pronoms relatifs *qui*, *que* et *où*. Ensuite, note le bon numéro sur le dessin.**

1. Voilà le café ______ les copains se retrouvent.
2. Luc est le garçon ______ dessine.
3. La fille ______ Luc dessine s'appelle Brigitte.
4. Xavier est le garçon ______ a des baskets oranges.
5. Ariel va dans le coin ______ ses copains l'attendent.
6. Le portable ______ Xavier cherche est sous la table.

Les adjectifs antéposés

RÉVISER

4 **Ce sont des amis mais ils sont différents! Complète les phrases. Utilise *vieux*, *jeune*, *courageux*, *intello*, *beau*, *joli*, *triste*, *amoureux*, *grand*, *petit*, *romantique* et *joyeux*. Pense à l'accord des adjectifs.**

1. Lui, c'est un ________________ homme très ________________ et elle, c'est une ________________ fille très ________________.

2. Voilà un ________________ chien très ________________ et un ________________ chat très ________________.

3. Voilà une ________________ fille ________________ et un ________________ garçon ________________.

Qu'est-ce qu'on dit?

5 **Marius parle de son meilleur ami. Écris les phrases à sa place dans ton cahier.** | Marius sagt, dass ...

1. ... sein bester Freund Bob heißt.
2. ... sie sich gegenseitig helfen und er ihm alles erzählt.
3. ... Bob fröhlich ist und immer Lust hat, mit Marius etwas zu tun.
4. ... sie gleich sind und Animationsfilme sie sehr interessieren.
5. ... die neue Freundin von Bob ihm nicht gefällt und dass sie doof ist.

1. Mon meilleur ami ...

Die Lösungen findest du auf S. 94.

Tu es en forme pour l'unité 3? facultatif

1 **Trouve les contraires[1] et relie.** ▶ Liste alphabétique, p. 174

1 **le contraire** das Gegenteil

heureux	Beurk!	la question	triste
différent	joyeux	pour	ne ... jamais
blanc	tard	être bon en	pareil
la réponse	être nul en	tôt	malheureux
contre	toujours	noir	Miam!

2 a **Qui est-ce? Qu'est-ce que c'est? Écris les mots avec l'article défini dans ton cahier.** ▶ Liste alphabétique, p. 174

1. C'est l'endroit dans un collège où on mange à midi.
2. C'est en été. Elles sont longues. Les élèves les aiment parce qu'il n'y a pas de devoirs.
3. C'est une matière. On y parle des montagnes et des villes.
4. C'est une personne qui travaille au collège et qui corrige les interros.
5. C'est un endroit dans un collège où on peut faire du sport.
6. C'est une personne qui travaille au collège et qui est le/la chef.

b **Utilise les mots de a pour faire un associogramme sur le thème du collège dans ton cahier. Complète par des mots que tu connais déjà.** ▶ Liste alphabétique, p. 174

3 GRAMMAIRE MIXTE: **Qu'est-ce qu'ils disent? Complète par les formes de l'impératif.**
▶ Verbes, p. 138

Chante.	Sing!
Chantons.	Lass uns singen!
Chantez.	Singt! / Singen Sie!

attendre – arrêter – prendre – gagner – manger – regarder

1

_______________! C'est rouge!

2

_______________! On arrive!

3

_______________ cette couleur.

4

_______________! un million aujourd'hui!

5

Ne _______________! plus de frites!

6

_______________ les pailles rouges.

4 GRAMMAIRE MIXTE: **Tout le monde aime frimer! Complète les réponses par la bonne forme du verbe.**
▶ Verbes, p. 138

1. – Je **vais** souvent au cinéma.

   – Mes copines et moi, nous ____________________ au cinéma trois fois par semaine!

2. – Dans notre collège, on **fait** de la natation deux fois par semaine.

   – Ah oui? Dans notre collège, nous ____________________ du sport tous les jours.

3. – Chez mes grands-parents, il y a toujours des plats végétariens. Vous **mangez** aussi végétarien chez vous?

   – Nous ____________________ tout le temps végétarien, même les chats ____________________ végétarien!

4. – J'aime lire. Je **lis** trois bédés par semaine.

   – Nous ____________________ aussi, comme des fous. Nous commençons le matin avant 6 heures.

5. – Je suis plutôt bonne élève. J'**ai** 15 sur 20 en maths et en allemand.

   – Mon frère et moi, nous ____________________ toujours 18 sur 20 dans toutes les matières.

1 10

5 **Écoute la chanson «Une journée noire». Pourquoi est-ce que Hugo a une journée noire? Donne trois exemples. Écris dans ton cahier.**

6 a **Ton père a fait les courses. Qu'est-ce qu'il a acheté?**

____

____

____

____

____

____

b **Qu'est-ce qu'il faut pour faire des crêpes?**

____

____

____

Unité 3 La vie au collège

Approches

RÉVISER 40|1

1 **GRAMMAIRE MIXTE: Les élèves parlent dans la cour. Complète les phrases. Barre le pronom possessif qui ne va pas et mets la bonne forme de l'adjectif.**

américain célèbre courageux dur intéressant

1. – C'est qui, votre / ~~vos~~ prof d'anglais?

   – C'est M. Collins. Il est ______________.

2. Mes / Mon prof de sport est ______________. Il a traversé la cour de notre / nos collège sur un fil.
3. Notre / Nos interros d'histoire-géo sont super ______________. C'est l'horreur!
4. Notre / Nos cours de maths sont toujours ______________ parce que M. Durand a beaucoup d'idées.
5. M. Arnaud, mes / mon prof de français, frime toujours parce que ses / son deux sœurs sont des actrices

   ______________.

RÉVISER 11

2 **Max présente son collège. Complète son texte. Lis-le à haute voix. Puis écoute et compare.**

Dans notre col______, il y a 29 pr______, 382 élè______ et 8 surv______. Ma prof la plus sympa, c'est ma prof d'his______. Notre princ______, Madame Lacroix, est géniale aussi. À midi, tout le monde mange à la ca______. Après, nous jouons au foot dans la c______ ou nous préparons nos inter______. Moi, je suis en quatr______. Je n'aime pas toutes les mati______. L'all______, ça va, mais je préfère le sport. Au col______, mon end______ préféré, c'est le gy______.

12 DELF 40|2

3 a **Radio Ado a invité Léonie. De quoi est-ce qu'elle parle? Écoute deux fois et coche.**

1. ☐ Léonie présente le système scolaire en France.
2. ☐ Le collège termine avec la quatrième.
3. ☐ Au lycée, on prépare le brevet.
4. ☐ Léonie va au lycée.
5. ☐ Léonie est en troisième.
6. ☐ Léonie va aller au lycée pro.

Shutterstock.com/fizkes

b **Écoute encore une fois et corrige les phrases qui sont fausses. Écris dans ton cahier.**

41|3 **4** **Regarde le dessin, p. 40–41. Qu'est-ce qui va ensemble? Relie.** ▶ Liste des mots, p. 153

l'apprentissage	1	a	der Kindergarten
le lycée pro	2	b	die Grundschule
l'école primaire	3	c	die 10. Klasse
le bac pro	4	d	der mittlere Schulabschluss
la seconde	5	e	die Lehre
le brevet	6	f	die Berufsschule
le CFA	7	g	das berufliche Gymnasium
l'école maternelle	8	h	das Fachabitur

Shutterstock.com/Monkey Business Images

41|4 **5** **Moritz explique le système scolaire allemand à son corres Kilian. Retrouve les expressions qui correspondent et complète son e-mail.**

on passe un examen | on va à | aller en apprentissage | préparer mon examen | à la fin de | on va | quand on a cinq ou six ans | C'est la même chose que (2x)

Shutterstock.com/Monkey Business Images

Salut Kilian! Ça va? Merci pour ton e-mail. Chez nous, ______________________,

on va à la «Grundschule». ______________________ l'école primaire en

France. En Allemagne, après la «Grundschule», ______________________ la «Realschule» ou

______________________ au «Gymnasium». À la fin du Gymnasium ______________________

______________________ qui s'appelle le «Abitur». Moi, je suis à la Georg-Hartmann-Realschule.

Maintenant, je suis en classe 9. ______________________ la troisième en France.

L'année prochaine, en classe 10, je dois bosser pour ______________________.

C'est le «mittlerer Schulabschluss». C'est un examen que tous les élèves passent ______________________

______________________ la classe 10. Après je vais ______________________

______________________. Tu as encore des questions?

À plus! Moritz

Markiere alle Wendungen, die du für die Aufgabe 4 auf Seite 41 in deinem Buch brauchen kannst.

3 A Ici, c'est le pied!

1 a **Au collège. Trouve l'intrus et coche.**

1. un prof
   - a sympathique ☐
   - b bleu ☐
   - c drôle ☐
   - d dur ☐
   - e gentil ☐

2. une élève
   - a motivée ☐
   - b contente ☐
   - c allemande ☐
   - d demie ☐
   - e timide ☐

3. un cours
   - a vieux ☐
   - b intéressant ☐
   - c cool ☐
   - d dur ☐
   - e formidable ☐

4. une journée
   - a géniale ☐
   - b grise ☐
   - c importante ☐
   - d triste ☐
   - e moche ☐

b **Fais trois séries comme en a. Échangez vos feuilles et trouvez les intrus.** ▶ Liste alphabétique, p. 191–203

2 a **Retrouve les sept formes du verbe *croire* et complète.**
▶ Les verbes, p. 139

I	L	C	R	O	I	S	N	E	F
C	R	O	I	E	N	T	A	U	T
S	U	R	A	I	C	R	U	T	O
U	T	P	C	R	O	Y	O	N	S
A	C	R	O	I	S	S	T	O	U
T	C	C	R	O	Y	E	Z	R	O
I	C	R	O	I	T	R	E	☒	☒

croire

je ______________ nous ______________

tu ______________ vous ______________

il/elle/on ______________ ils/elles ______________

passé composé

j' ______________________________

b **Les lettres qui restent en a donnent un message. Note-le.**

____

43|4 **3** **Jamel est aussi en échange en Allemagne. Il parle à ses parents et à ses amis. Écris ses phrases.**
▶ Grammaire, p. 50/1

1. les journées / En Allemagne, / sont / qu'en France / moins longues
2. est / moins drôle / que la prof de maths allemande / Mme Durac
3. la cantine / qu'en France / est moins bonne / Ici,
4. À Homberg, / est plus intéressant / que chez nous / le cours de physique
5. notre principal / est / Leur principal M. Binder / plus cool que
6. sont aussi chers / la FNAC / qu'à / Les livres
7. aussi dures que / Les interros de maths / les interros / de Mme Durac / sont
8. sont beaucoup plus cool / Les cours de sport / qu'en France / en Allemagne

Shutterstock.com/Monkey Business Images

____

____

____

▶▶▶

____

____

____

____

____

43|4

4 a Marius compare son collège au collège de son amie française. Des mots se sont mélangés. Corrige le message de Marius. ▶ Grammaire, p. 50/1

Salut Lori,

je pense que mon collège à Marburg est beaucoup ~~plus difficiles~~ ____*plus moderne*____ que ton collège. Et notre cour est moins rigolos ____________. Il y a plus d'arbres et nous avons même un jardin. Nous commençons plus chargé ____________ que vous, à 7 h 50, c'est la cata! À midi, je mange mes tartines, des fruits et des petits gâteaux. Je m'achète aussi un truc mais pas toujours parce que c'est très sympa ____________! Avec les profs c'est la même chose qu'en France: ils sont ~~plus moderne~~ ____________ que chez vous. Moi aussi, j'ai des profs qui sont trop cher ____________ et d'autres qui sont plus jolie ____________. Et notre emploi du temps est plus tôt ____________! Vous, vous avez plus de devoirs et nous, nous devons souvent préparer des exposés qui sont meilleur ____________! Une chose que j'ai bien aimée chez vous, c'est votre CDI: il est aussi stressés ____________ que notre bibliothèque!

43|5

b Tim compare son collège en Allemagne au collège en France. Lis ses notes et écris son message dans ton cahier (60–80 mots). ▶ Grammaire, p. 50/1

\+

15 Uhr Schluss / mehr Zeit für Hobbys ☺
Lehrer weniger streng
Schüler: motivierter

–

kein Raum für Freistunden
kein CDI, keine Kantine ☹

=

nicht genug Geld: alte Tische + Stühle,
alte Computer
viel arbeiten / genauso schwierige Prüfungen

3 B Mon collège

44|2

1 Voilà notre collège. Relie les noms aux définitions. ▶ Liste des mots, p. 155

le documentaliste **1**	**a** C'est quand on n'est pas d'accord.
la récréation **2**	**b** C'est l'endroit où on peut acheter des boissons.
la cafétéria **3**	**c** C'est une matière où on joue au basket.
l'EPS **4**	**d** C'est quelqu'un qui travaille au CDI.
le conflit **5**	**e** C'est une personne qui aide les élèves qui ne s'entendent pas bien.
l'infirmerie **6**	**f** C'est le moment que je préfère et où on peut rigoler avec ses copains.
la médiatrice **7**	**g** C'est où on va quand on se sent mal.

45|4

2 Comparez les sacs à dos de Luc et Yves. Utilisez *plus de / moins de*. A commence. B continue.

Exemple: *Dans le sac à dos de Yves, il y a moins de stylos.*

Luc

Yves

45|3
45|4

3 a M. Picard, le principal (A), discute avec toi (B). Écris le dialogue dans ton cahier.

A Qu'est-ce que tu voudrais/aimerais changer? →

B

Je voudrais J'aimerais	changer mon emploi du temps. avoir moins de devoirs. plus de bancs dans la cour. ____. (*deine Ideen*)
Je voudrais avoir la possibilité de/d'	faire des échanges. organiser une fête de classe. ____. (*deine Ideen*)

A Ah, bon. D'accord. / Je comprends. Et qu'est-ce qu'il te manque? →

B

Il me manque	un endroit pour retrouver mes amis. un distributeur de boissons. ____. (*deine Ideen*)
On n'a pas assez de/d'	bédés dans notre CDI. temps libre entre les cours. ____. (*deine Ideen*)

b Note tes idées pour un dialogue comme en a. Entraînez-vous. Jouez vos dialogues et échangez les rôles.

A: Qu'est-ce que tu voudrais

4 a Samia parle de son collège. Écoute deux fois. Qu'est-ce que Samia aime bien 🙂, n'aime pas trop 😐, n'aime pas du tout 😠 dans son collège? Complète le tableau.

13

45|5

🙂	😐	😠
collège en général:	CDI:	collège en général (avant):
– moderne, super beau		
– médiateurs		
	salle du FSE:	salle vidéo:
club:		cantine:
	CPE:	

stock.adobe.com/elena_garder

b Écoute encore une fois. Qu'est-ce qui est comme dans ton école, qu'est-ce qui est différent? Qu'est-ce que tu aimerais avoir aussi dans ton collège? Note au moins trois idées dans ton cahier.

Shutterstock.com/VGstockstudio

3 C Agissons contre la faim!

47|4 **1** a **Complète les formes des verbes *agir*, *finir*, *choisir*, *réfléchir*.**
▶ Les verbes, p. 147

je/j'	ag	________
tu	fin	________
il/elle/on	chois	________
nous	réfléch	________
vous		________
ils/elles		________

b **Complète les phrases par la bonne forme des verbes de a.**

1. J'espère que vous ________________ bien avant de poster une photo sur Internet.
2. Tu ________________ des mots de passe différents?
3. Quand j'ai un problème, je ________________ d'abord et puis je/j'________________.
4. Ils discutent pendant des heures, mais ils n' ________________ pas.
5. ________________ vos places. Votre prof ________________ le film.
6. Leur emploi du temps est lourd. Elles ne ________________ jamais avant 16 heures.
7. Mon père ________________ mais ma mère, elle ________________.

2 a **Complète les proverbes[1]. Utilise *chacun* ou *chaque*.** ▶ Grammaire, p. 51/3

1. ________________ ajoute[2] son grain de sel.
2. ________________ chose en son temps.
3. ________________ pour soi[3].
4. ________________ chose à sa place et une place pour ________________ chose.
5. ________________ balaie[4] devant sa porte.
6. ________________ chose a son prix.

Chaque steht vor dem Nomen.
Chacun/e ersetzt das Nomen (= Pronomen).

1 **le proverbe** das Sprichwort
2 **ajouter** dazugeben
3 **pour soi** für sich
4 **balayer** kehren, fegen

b **Dans un dictionnaire en ligne, trouve ces proverbes en allemand. Écris dans ton cahier. Tu peux aussi faire des dessins.**

3 ▶ 47|6

Dans ce jeu de rôle, vous parlez de vos idées pour des actions dans votre école. Préparez vos rôles et jouez (3–4 minutes). A joue le rôle de Julie/Julien, B joue le rôle de Gérald/Géraldine.

Partenaire A = Julie/Julien	**Partenaire B** = Gérald/Géraldine

– Frage, ob **B** schon sein Projekt ausgewählt hat.	– Bejahe und füge hinzu, dass du noch einen Slogan suchst.
– Frage, für welches Projekt **B** sich engagieren will.	– Sage, dass du dich für die Natur engagieren willst und frage zurück, was **A** machen will.
– Sage, dass du den Kindern in Haïti (*de Haïti*) helfen möchtest.	– Du findest das eine gute Idee. Frage, was **A** für seine Aktion machen wird.
– Sage, dass ihr Kuchen backt und sie in der Schule verkaufen werdet.	– Sage, dass das super ist. Frage, welchen Slogan **A** hat.
– Sage, dass dein Slogan „Iss gegen den Hunger" heißt. Frage **B** wie sein Projekt heißt.	– Sage, dass dein Projekt „Der glückliche Mülleimer" heißt.
– Sage, dass das nicht so cool ist. Frage **B**, was er organisieren will.	– Sage, dass du euer Klassenzimmer aufräumen willst. Frage, ob **A** ein Logo hat.
– Bejahe. Sage, dass es ein Kuchen ist, der lacht. Frage, ob **B** auch ein Logo hat.	– Du verneinst und sagst, dass du es noch nicht weißt. Vielleicht ein Mülleimer, der lacht? Frage, ob **A** Sponsoren gefunden hat.
– Sage ja, eure Eltern. Sie geben euch Geld, um die Einkäufe zu machen. Frage, ob **B** auch Sponsoren hat.	– Du verneinst.
– Du fragst **B**, wie er Geld verdienen (*gagner de l'argent*) wird.	– Sage, jeder muss 2 Euro geben um teilzunehmen.
– Frage, ob **B** denkt, dass das funktionieren wird.	– Du sagst, dass du nicht sicher bist.

3 D C'était comment la troisième en 1963?

1 a **Qu'est-ce que c'est? Lis le texte, p. 48 et trouve les mots.**

48|1

1. C'est le même mot que «à l'époque». C'est ______________.
2. C'est le contraire de «l'été». C'est ______________.
3. Aujourd'hui c'est «l'euro». Autrefois, en France, c'était ______________.
4. C'est quelque chose pour écouter les infos. C'est ______________.
5. C'est quelque chose qu'on fait dans le gymnase. C'est ______________.
6. C'est une action qu'on fait quand on travaille le bois. C'est ______________.
7. C'est comme un journal avec des photos en couleurs. C'est ______________.
8. C'est quand on fait quelque chose en secret. C'est ______________.

b **Note le contraire ou une définition de ces mots dans ton cahier.** ▶ Méthodes, p. 131/22

1 la récréation | 4 parfois | 7 le flipper | 2 différent/e | 5 l'informatique *f.* | 8 le lycée | 3 il nous manque | 6 risqué/e

48|1

2 **Lis le texte, p. 48 dans ton livre. Trouve les mots ou les expressions dans le texte qui veulent dire:**

1. streng sein ______________
2. wenig Fragen stellen ______________
3. seine Meinung (nicht) sagen ______________
4. kochen und tischlern ______________
5. heimlich rauchen ______________
6. riskant sein ______________
7. jeden Tag außer donnerstags und sonntags

____

▶ 49|4 49|5 **3** **Complète la grille.** ▶ Les verbes, p. 138–141

infinitif	présent	imparfait
travailler	nous ______	je ______
______	nous ______	tu *faisais*
______	nous *finissons*	il ______
______	nous ______	elle *disait*
! *être*	nous ______	nous ______
devoir	nous ______	vous ______
! ______	nous *mangeons*	elles ______
______	nous ______	j' *allais*
sortir	nous ______	elle ______
! ______	nous ______	tu *commençais*

▶ 49|6 **4** a **GRAMMAIRE MIXTE: Aouaris nous raconte sa vie de collégien en Éthiopie. Complète le texte par les verbes à l'imparfait. Écris dans ton cahier.**

Aujourd'hui

Aouaris, 24 ans, ingénieur

Autrefois, j' (*être*) le seul[1] de ma famille à aller à l'école et comme il n'y en (*avoir*) pas dans mon village, j' (*habiter*) dans une chambre en ville. Nous y (*être*) à cinq. L'école (*être*) gratuite mais, parce que ma famille n' *avoir* pas d'argent, je (*devoir*) me débrouiller[2] tout seul pour les fournitures[3] et l'uniforme. À l'époque, mes amis et moi, on l' (*acheter*) ensemble et on (*aller*) à l'école à tour de rôle[4]. Quand je n' (*avoir*) pas classe, je (*vendre*) des bracelets. Aller à l'école et à l'université (*être*) pour moi le seul moyen[5] de réussir dans la vie[6].

Il y a 10 ans

La classe de Aouaris

links: Shutterstock.com/Ani_Jo; rechts: Shutterstock.com/Tatyana Vyc

1 **le seul** der Einzige
2 **se débrouiller pour** *hier:* sich selbst um etw. kümmern
3 **les fournitures** *hier:* das Schulmaterial
4 **à tour de rôle** abwechselnd
5 **le moyen** das Mittel, der Weg
6 **réussir dans la vie** Erfolg haben (im Leben)

DELF ▶ 49|6 b **Lis le texte et réponds aux questions. Écris les réponses dans ton cahier.**

1. Pourquoi est-ce qu'Aouaris avait une chambre en ville à 14 ans?
2. Combien de personnes dormaient dans la chambre?
3. Qui est-ce qui portait l'uniforme?
4. Qu'est-ce qu'Aouaris faisait pour gagner sa vie?

3 Fais le point

Hier überprüfst du, ob du den Stoff der *Unité 3* beherrschst. Die Lösungen findest du auf S. 94–95.

Vocabulaire

1 **Trouve les mots pour parler du collège et note-les dans ton cahier avec l'article défini.**

1. Ils commencent tôt et finissent tard.
2. On le passe à la fin de la troisième.
3. On y passe le bac.
4. On y apprend à lire et à écrire.
5. C'est l'endroit où les élèves prennent leurs repas.
6. C'est une entreprise qui donne de l'argent pour nos actions.
7. On l'organise pour discuter d'un projet.
8. Ils viennent découvrir notre collège et après, on va chez eux.

Les verbes

2 GRAMMAIRE MIXTE: **Complète par les formes des verbes *agir*, *finir*, *choisir*, *réfléchir* et *croire*.**

1. Le jeudi, elle ____________________ à 15 heures.
2. Nous ____________________ contre la faim!
3. Vous ____________________ (*p.c.*)?
4. Tu ____________________ trop!
5. Je ____________________ que tu as gagné!
6. Ils ____________________ (*p.c.*) ensemble!

Le comparatif de l'adjectif

3 **Ensemble, on est plus fort! Compare. Utilise − *moins* / = *aussi* / + *plus* + adjectif + *que*. Pense à l'accord des adjectifs.**

1. Je crois que mon emploi du temps est ____________________ (+ / lourd) l'emploi du temps de mon corres.
2. Je crois que mon collège est ____________________ (− / écologique) ton lycée.
3. Je pense qu'en 1963 les élèves étaient ____________________ (− / stressé) aujourd'hui.
4. Je trouve que le projet contre la violence est ____________________ (= / intéressant) le projet sur les escargots.
5. Je pense que les surveillants sont ____________________ (= / sévère) les profs.
6. Pour moi, les repas à la cantine sont ____________________ (! + / bon) les repas à la maison.

L'imparfait

4 a Les vacances de papy. Retrouve les expressions de temps et écris-les.

1. a n d q u ____________________
2. t r e a u f o i s
3. v e n t s o u ____________________
4. o û t a f i n
5. é t é q u e c h a ____________________
6. l e s t o u s j o u r s
7. q u e l' é p o à ____________________

b GRAMMAIRE MIXTE: **Des vacances géniales! Complète par les formes des verbes à l'imparfait et les expressions de temps de a qui conviennent.**

Shutterstock.com/Elzbieta Sekowska

1. ____________________ (*Früher*), mes parents ____________________ beaucoup et ils ____________________ peu de vacances. (*travailler / avoir*)
2. ____________________ (*Jeden Sommer*), mes parents nous ____________________ chez nos grands-parents et nous y ____________________ trois mois. (*emmener / rester*)
3. ____________________ (*Damals*), ils ____________________ au bord de la mer. (*habiter*)
4. Alors, ____________________ (*jeden Tag*), nous ____________________ à la plage. (*aller*)
5. ____________________ (*Oft*), on ____________________ des copains sur la plage et nous ____________________. (*retrouver / s'amuser*)
6. ____________________ (*Wenn*) mes parents ____________________, on ____________________ tristes. (*arriver / être*)
7. ____________________ (*Ende August*), les vacances ____________________ et on ____________________. (*finir / partir*)

Qu'est-ce qu'on dit?

5 Florian parle de sa vie au collège. Relie.

Neuf heures de cours le mardi, **1**	**a** à la fin de la troisième.
Je voudrais avoir la possibilité **2**	**b** c'est trop.
Il nous manque un endroit **3**	**c** que la troisième.
La classe 9, c'est la même chose **4**	**d** moins de devoirs qu'aujourd'hui.
Autrefois, on avait **5**	**e** de faire plus d'échanges.
Nous passons le brevet **6**	**f** pour nous amuser.

Die Lösungen findest du auf S. 94–95.

1 a Zoé se souvient de ses vacances. Lis le texte et note les activités et ses descriptions dans le tableau.

C'était des vacances magnifiques! Le matin, nous dormions toujours jusqu'à neuf heures. À midi, je préparais le déjeuner avec ma mère. Il faisait beau tous les jours! Alors, tous les après-midis, ma copine et moi, nous allions à la piscine où nous rencontrions nos camarades de classe. Et le soir, je regardais ma série préférée pendant des heures! Mais une fois, je n'ai pas préparé le déjeuner avec ma mère et je ne suis pas allée à la piscine avec ma copine. J'ai pris le bus pour aller voir mon cousin Louis. Quand je suis arrivée chez lui, il m'a montré sa nouvelle voiture. Puis il a eu une idée géniale: passer une semaine dans les Alpes françaises ensemble. J'ai dit oui tout de suite.

le matin ... / toujours ... / tous les jours ... / ...	une fois ... / puis ...
1. *c'était des vacances magnifiques*	8. *je n'ai pas préparé*
2. ______	9. ______
3. ______	10. ______
4. ______	11. ______
5. ______	12. ______
6. ______	13. ______
7. ______	14. ______

b Quel temps est-ce que Zoé utilise? Complète les encadrés. ▸ p. 55/4b

Zeitform: ______________ für:

- gewohnheitsmäßige / sich wiederholende Handlungen in der Vergangenheit
- bereits andauernde Handlungen
- Beschreibungen von Stimmungen und Zuständen
- Einschätzung eines Ereignisses
- Personenbeschreibungen

Zeitform: ______________ für:

- einmalige Handlungen in der Vergangenheit
- neu eintretende Handlungen:
- hintereinander ablaufende Handlungen (Handlungsketten)

2 Qu'est-ce qu'ils ont fait? Regarde les images et écris dans ton cahier. Utilise l'imparfait et le passé composé.

1 Alice • être au roller parc

quand tout à coup • sa corres • appeler

2 Noah • être dans sa chambre; il • ne rien faire

puis • il • avoir une idée géniale

3 tous les jours • les corres allemands et français • faire la fête; la musique • être très forte[1]

une fois • le voisin • crier et frapper[2] à la porte

4 Philippe • attendre • devant la porte; il • ne pas avoir • la clé

quand • son corres • arriver; il • ouvrir la porte

1 **fort/e** *adj. hier:* laut 2 **frapper** anklopfen

3 GRAMMAIRE MIXTE: **Louis a beaucoup aimé ses vacances avec sa cousine Zoé. Voici son blog de voyage. Souligne les expressions de temps. Puis complète par les formes correctes du passé composé et de l'imparfait.**

Tous les jours, nous ______________________ (*prendre*) le petit déjeuner dans notre petit hôtel! Et tous les matins, le serveur ______________________ (*préparer*) un chocolat pour Zoé et un café au lait pour moi. Il nous ______________________ (*offrir*) aussi toujours des croissants frais. Ils ______________________ (*être*) délicieux! Mais, le troisième jour de nos vacances, nous ______________________ (ne ... pas / *prendre*) le petit déjeuner à l'hôtel: nous ______________________ (*partir*) de l'hôtel à quatre heures du matin. Il ______________________ (*faire*) plutôt froid! Après, nous ______________________ (*prendre*) un petit chemin pour monter à une montagne. Une heure plus tard, nous ______________________ (*arriver*) au sommet[1]. Zoé ______________________ (*être* en train de) sortir son portable quand, tout à coup, le soleil ______________________ (se *lever*). C'______________________ une ambiance magnifique!

1 **le sommet** der Gipfel

1 a **Retrouve les 8 mots pour parler d'un échange. Note-les avec l'article déterminé et les accents/apostrophes dans ton cahier.** ▶ Liste des mots, p. 158–159

B	K	O	K	F	A	M	I	L	L	E	D	A	C	C	U	E	I	L
I	V	Y	A	Z	O	A	C	W	G	F	S	K	O	L	Z	S	T	W
S	É	J	O	U	R	L	I	N	G	U	I	S	T	I	Q	U	E	C
E	L	A	L	L	E	R	G	I	E	P	U	C	L	C	X	U	M	L
Q	M	A	L	E	N	T	E	N	D	U	A	T	S	H	C	X	L	O
U	I	O	P	A	Q	T	F	G	H	J	T	S	C	E	V	L	Y	S
O	A	R	R	I	V	E	E	X	F	E	T	E	D	A	D	I	E	U

Shutterstock.com/Tatiana53

b **Matti raconte. Complète par cinq mots de a. Si nécessaire, ajoute les articles.**

En mai, nous avons fait un échange scolaire. On est parti à Nantes. Dans ma ____________________, il y avait un chat et deux chiens. C'était la catastrophe! Pas parce que je fais ____________________ mais parce que j'ai peur des animaux: j'ai une peur bleue[1]! Alors, j'ai changé de corres! Après, tout s'est bien passé et notre ____________________ était vraiment génial. Sauf au ____________________. ☺ Mais bon. À la ____________________ tout le monde a rigolé de mon histoire, et moi et mon premier corres aussi!

1 **la peur bleue** die Heidenangst/Mordsangst

2 **Pendant ton échange scolaire en France tu parles avec ta famille d'accueil. Qu'est-ce que tu dis? Relie.**
▶ Les mots pour le dire, p. 218/31

Est-ce que tu peux	1	a	végétarien/végétarienne.
Quel est	2	b	faire aujourd'hui/demain?
Je suis	3	c	une soirée/journée libre.
Je ne mange pas	4	d	le mot de passe du WIFI?
On a	5	e	me lever demain?
Quand est-ce que je dois	6	f	répéter, s'il te plaît?
Qu'est-ce qu'on va	7	g	de porc/poisson.

DELF **3** **Dans l'exercice, p. 59/6 (dans ton livre), tu écris ton portrait pour te présenter à un/e correspondant/e. Complète ton portrait par d'autres informations intéressantes. Écris d'abord dans ton cahier, puis présente-toi devant un miroir (1–2 minutes).**

Parle de:
- ton auteur/e préféré/e, ton livre préféré
- ton acteur/actrice préféré/e
- ton groupe préféré, ton style de musique préféré
- Qu'est-ce qui te plaît en général?
- Qu'est-ce qui t'énerve le plus?
- Qui est-ce que tu admires le plus?
- Pourquoi est-ce que tu veux participer à un échange scolaire?

1 a Lis la réponse de Rémi à une invitation de Lola. Quelle est sa structure? Note les phrases à côté des «fonctions».

Rémi

Salut Lola! Merci pour ton invitation! J'ai très envie de venir à ta fête et j'ai le temps samedi à 17 h. Je vais apporter du jus d'orange et une salade de fruits. À samedi! Bisous Rémi 12:34

fonction	phrase/s dans le message
commencer le message	______
remercier et répondre au message reçu	______
accepter l'invitation	______
finir le message	______

b Relis la réponse de Rémi sous a et imagine l'invitation de Lola. Écris dans ton cahier.

2 Tu as reçu cette invitation d'un copain / d'une copine. Tu veux l'accepter mais tu peux seulement venir une heure plus tard. Écris la réponse et dis aussi pourquoi tu vas venir plus tard (60–80 mots).
▶Méthodes, p. 130/F

Salut! Ce soir, on va au parc pour jouer au volley. Tu viens aussi? On va se retrouver à 18 h à l'entrée. Tout le monde apporte des boissons! Réponds vite. À plus, j'espère, David 13:12

Voici des idées pour donner des raisons:
préparer un exposé faire mes devoirs aider ma mère / mon père
être chez mes grands-parents avoir entraînement de foot/tennis/____ ____

Toi

Salut! ______

______

______

______

13:20

3 Écrivez sur vos smartphones des messages avec des invitations. Répondez à ces invitations.

Tu es en forme pour l'unité 4? facultatif

1 **On découvre le monde du travail. Regarde les photos. Quel est leur métier? Écris dans ton cahier.**

1 
2 
3 
4 
5 
6 

1: Shutterstock.com/Monkey Business Images; 2: Shutterstock.com/wavebreakmedia; 3: Shutterstock.com/Africa Studio; 4: Shutterstock.com/Gelpi; 5: Shutterstock.com/Rawpixel.com; 6: Shutterstock.com/Syda Productions

2 a **Une interview avec un danseur[1]. Retrouve les questions du journaliste et relie.**

1 le danseur der Tänzer

Pourquoi	1	a	est-ce que vous invitez à vos spectacles?
Qui	2	b	est-ce que vous avez choisi ce métier?
Où	3	c	est-ce que vous avez déjà dansé?
Qu'	4	d	est-ce qui est votre danseur préféré?
Qui	5	e	est-ce que vous commencez l'entraînement pour un spectacle?
Quand	6	f	est-ce que vous mangez avant le spectacle pour avoir de l'énergie?

b **Trouve pour chaque question de a la bonne réponse du danseur. Note les numéros correspondants.**

A J'ai toujours voulu danser! Le théâtre, c'est ma vie! ☐

B J'ai déjà dansé à Montpellier, à Paris et au Québec. ☐

C Mon héros, c'est Rudolf Noureev! Je l'admire beaucoup. ☐

D Ça dépend. Nous nous entraînons souvent pendant deux mois. ☐

E J'invite toujours ma famille et parfois mes amis. ☐

F Avant le spectacle, je ne mange rien. Je mange toujours après avec toute l'équipe! ☐

Shutterstock.com/wavebreakmedia

1 14

c **Écoute l'interview et compare avec tes solutions de a et b.**

3 **Le danseur travaille dans un théâtre. Il parle de sa journée de travail. Complète.** ▶ Grammaire, p. 20/2

se coucher   se dépêcher   se doucher   s'entraîner   se lever   se maquiller   se sentir   s'habiller

Danser, c'est ma passion et je ____________________ très bien au théâtre. Mais je travaille toujours le soir. Alors, je ____________________ tard, à 10 heures. Le matin, je fais les courses, je range mon appartement ou je lis un peu. À midi, je mange une salade et je vais au théâtre. Avec les autres danseurs, nous ____________________ de 14 à 17 heures. Après, on prend un café ensemble et on discute un peu. À 18 heures, je ____________________ pour le spectacle. Après, je ____________________. Pour ça, je prends mon temps. Le spectacle commence à 20 heures et je danse jusqu'à 22 heures. Après, je ____________________ et je mange avec l'équipe. Puis, je ____________________ pour rentrer à la maison. Je ____________________ tard, après minuit.

4 **Vingt élèves allemands ont passé une semaine à Strasbourg, en France. Leurs corres français ont écrit un article pour le blog de leur collège. Complète par ces verbes au passé composé.**

arriver danser écrire offrir organiser partir rentrer

Hier soir, nous ______________ une fête-surprise pour les élèves allemands. D'abord, nous ______________ ! Puis les élèves allemands nous ______________ un cadeau formidable: une photo de toute la classe. Sur la photo, les élèves portent des tee-shirts bleus, blancs et rouges ☺. La photo est super! Ce matin nos copains ______________: ils ______________ en Allemagne en train. Ils nous ______________ un message quand ils ______________ à Ingolstadt. Aujourd'hui, nous sommes un peu tristes mais en décembre, nous allons passer une semaine à Ingolstadt! Et ça, c'est trop cool!

Amel, Sarah, Nicolas et Rachid/4e A

5 **Madame Lagrange a deux enfants, Laurence et Pascal. Laurence raconte. Complète par ces verbes à l'imparfait.**

aimer avoir (3x) être (2x) faire habiter jouer vouloir (2x)

Moi, j'habite à Paris et j'adore habiter ici. Quand ______________ six ans, j'______________ à Carcassonne avec ma famille. Je n' ______________ pas cette ville parce qu'en été, il y ______________ toujours trop de touristes. Ils ______________ partout! Mon frère et moi, on ______________ souvent à la maison. Notre endroit préféré, c'______________ le jardin derrière la maison. Moi, je ne ______________ pas jouer dans la rue parce que j'______________ peur. Notre grand-mère ______________ souvent des promenades dans les rues de Carcassonne. Mais nous, nous ne ______________ jamais aller avec elle.

6 **Nathalie rêve. Complète par les formes du verbe *pouvoir* et les infinitifs suivants.**

aller dormir jouer manger

1 **le rêve** der Traum

Dans mon rêve[1], on ______________ ______________ jusqu'à midi. Les enfants ______________ ______________ toute la journée. Nous ______________ ______________ en vacances toute l'année. Je ______________ ______________ mon plat préféré tous les jours. C'est génial!

Approches

RÉVISER

1 **Tu connais déjà beaucoup de métiers. Fais les mots croisés.** ▶ Liste alphabétique, p. 174–190

a. Le **1** travaille à la médiathèque.
b. Tu connais Tintin, le célèbre **2** ?
c. Dans mon collège, il y a un **3** , des **4** et des **12** .
d. Le **5** organise une action contre la violence.
e. Cet **6** de cinéma est une **11** en France.
f. La **7** apporte une robe verte.
g. Le **8** du bateau qui a chaviré appelle le **10** .
h. Un **9** dessine les plans des maisons.
i. Demande au **13** s'ils servent des frites.

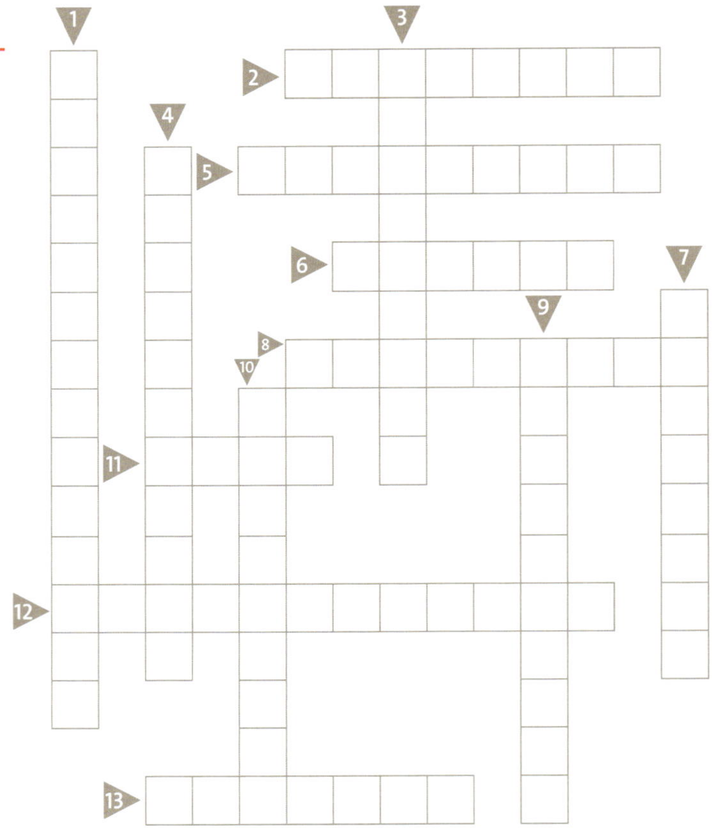

RÉVISER

15 DELF

2 a **Ils ont trouvé un job de rêve! Écoute et note les numéros correspondants. Il y a une photo en trop.**

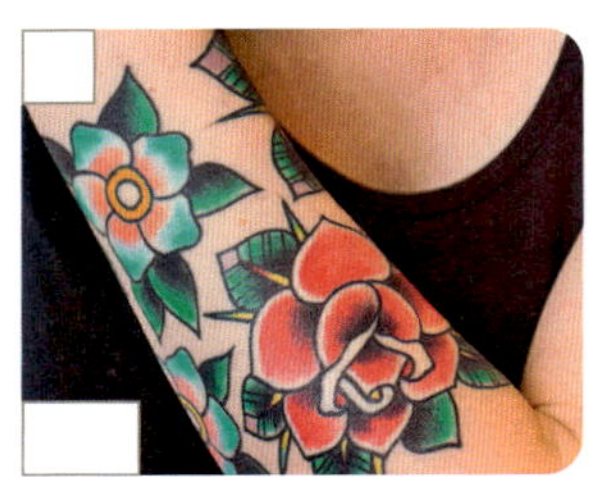

v.l.n.r.: Shutterstock.com/Stock-Asso; Bridgeman Images/De Agostini Picture Library/C. Sappa; Shutterstock.com/ Semmick Photo; Shutterstock.com/nampix

b **Écoute encore une fois et complète. Qui raconte au passé composé *(pc)*? Qui au présent *(p)*? Qui au futur composé *(f)*?**

▶ 64|1

3 **Ils parlent de leurs jobs d'été. Retrouve d'abord les phrases puis relie.**

1 une / travaillé / dans / librairie / J'ai
2 architecte / chez / J'ai / un / travaillé
3 de / un / trouvé / un / J'ai / job / magasin / vêtements / dans
4 restaurant / un / J'ai / stage / fait / dans / un
5 suis / Je / des / voisine / occupé / animaux / de / ma / me
6 candidature / ma / posé / un / dans / garage / J'ai

a qui a quatre chats et cinq perruches.
b et j'ai rangé des tee-shirts sur des étagères.
c et j'ai coupé des fruits cinq jours par semaine.
d et j'ai vendu des livres et des bédés.
e qui construit des salles de sport.
f mais ça n'a pas marché.

4 Qu'est-ce que tu voudrais devenir plus tard? Discutez à deux. A commence. Puis échangez les rôles.

64|1

A

Qu'est-ce que tu voudrais devenir plus tard?

→

B

Je voudrais J'aimerais	être devenir	mécanicien. serveur. architecte. / ___.
	faire	de la menuiserie. de la musique. du cinéma. / ___.
	m'occuper	d'un jardin. d'enfants. / ___.

A

Architecte! Prof de sport! Chef d'entreprise! ___	C'est Ce n'est pas	génial. formidable. intéressant. une bonne idée. ___.	Et pourquoi est-ce que tu veux faire ça?

B

Parce que	j'adore j'aime	la vie	dans un café. dans un zoo. / ___.
		organiser des réunions. dessiner des plans. discuter avec les gens. / ___.	
	ma passion, c'est	la mécanique. la nature. les animaux. / ___.	
	c'est un métier où	on s'occupe des enfants. on a du temps libre. on fait beaucoup de voyages. / ___.	

A

Oui! Et l'avantage, c'est qu'	on est on travaille	dehors. avec des élèves. en équipe. / ___	
	on a	beaucoup de/d'	vacances. temps pour ses hobbies. ___.
	on gagne		argent.
	on rencontre on découvre	des gens intéressants. des endroits formidables. / ___.	

B

Par contre,	on n'a pas	souvent de vacances.		
	il faut on doit	se lever tôt. être toujours motivé. se coucher tard. / ___.		
		travailler	souvent parfois	la nuit. le week-end. ___.

4 A Vous vous êtes amusés ou ennuyés en stage?

16
DELF
66|1

1 **C'était comment? Écoute les histoires et trouve le bon commentaire. Relie. Attention, il y a un intrus!**

a C'était intéressant!
b C'était gentil!
c C'était moderne!
d C'était drôle!
e Ce n'était pas très sympa!
f C'était long!
g Ce n'était pas cher!

1. ______
2. ______
3. ______
4. ______
5. ______
6. ______

66|2

2 **Plus tard, Marjorie voudrait faire de la bédé. Retrouve le bon ordre. Après, écris le texte dans ton cahier.**

- [ ] a C'est pourquoi je voudrais faire un stage à Angoulême.
- [ ] b Par exemple, dans le bus ou le métro.
- [ ] c Quand je réfléchis, je vois tout en dessins.
- [1] d Ma passion, c'est la bédé.
- [ ] e Parce que ce n'est pas facile de gagner sa vie dans ce métier.
- [ ] f L'avantage, c'est que je peux m'entraîner partout.
- [ ] g Par contre, mes parents ont peur pour mon avenir.

Shutterstock.com/ImageFlow

17
67|4

3 **Maurice (A) a une grande sœur (B) qui a déjà tout fait avant lui! Complète le dialogue. Conjugue le verbe au passé composé. Puis écoute et corrige.** ▶ Grammaire, p. 74/1

A : Je me sens bien parce que je fais un stage super.

B : Moi aussi, *je me suis sentie* bien quand j'ai fait mon stage!

A : Je m'amuse avec mon équipe!

B : Moi aussi, ______ avec mon équipe!

A : Après le travail, je m'entraîne pour le championnat de foot!

B : Moi aussi, ______ pour le championnat de natation!

A : Je m'engage aussi pour l'écologie!

B : Moi aussi, ______ pour l'écologie!

A : Et je ne m'énerve jamais à cause de ma sœur!

B : Moi non plus, ______ jamais ______ à cause de mon frère!

4 ▶ 67|4

Nathan a fait un stage. Aide-le à faire son rapport de stage. Souligne d'abord les verbes et mets-les au passé composé. Attention: comment était sa journée? Mets un verbe à l'imparfait. Écris dans ton cahier.
▶ Grammaire, p. 82/1

faire un stage dans une boulangerie — *j'ai fait* ______

vendre du pain et des croissants ______

un jour se lever à quatre heures du matin ______

la journée être dure ______

rentrer à la maison ______

se coucher tôt ______

Nathan, 15 ans

5 ▶ 67|5

a Des annonces très intéressantes. Complète le tableau. | Berufsnamen werden oft von der Handlung oder von dem Ort abgeleitet, wo die Person arbeitet. Mit Hilfe einer Umschreibung kannst du viele Berufsnamen schon verstehen. ▶ Méthodes, p. 131/22

boulanger, ère, personne qui travaille dans une boulangerie

Métier	C'est quelqu'un qui travaille dans / qui fait / ___	En allemand
boulanger		
libraire		
menuisier		
restaurateur		
conducteur de bus		
journaliste		
cuisinier		
entrepreneur		
conducteur		

DELF

b Ton corres Éric cherche un stage en Allemagne. Il ne comprend pas les noms des métiers. Explique-les lui.

1. Architekturbüro sucht zur Verstärkung seines Teams **eine/n Zeichner/in** für Pläne und Grundrisse.

2. Fußballverein sucht **Trainer/in** für Juniormannschaft, immer dienstags, 16:00–18:00

3. Bio-Bauernhof bei Passau sucht für die Pflege seiner Tiere und seines Gartens **eine/n zupackende/n Landwirt/in.**

1. *Zeichner/in, c'est quelqu'un qui* ______
2. *Trainer/in,* ______
3. ______

4 B Ma lettre de motivation

68|1 **1** **Le CV de Laure Bonnet n'est pas complet! Complète-le par les mots dans l'encadré.**

Expérience professionnelle · Nom · Date et lieu de naissance[1] · E-mail · Langues · Prénom · Numéro de téléphone · Formation[2] · Hobbys · Projet professionnel · Adresse · Connaissances[3] en informatique

Shutterstock.com/Elena Nichizhenova

______________________	Bonnet
______________________	Laure
______________________	114, rue de la liberté, 75019 Paris
______________________	01.71.X3.41.X8
______________________	lau.bonnet@mail.frc
______________________	née le[4] 4 juillet 2007 à Paris
______________________	travailler dans une boulangerie/pâtisserie
______________________	2022: brevet des collèges Collège Mozart à Paris
______________________	octobre 2021: stage en entreprise Boulangerie-Pâtisserie «Au croissant délicieux»
______________________	français (langue maternelle), allemand (Niveau B1) anglais (Niveau A2)
______________________	Word, Powerpoint
______________________	faire des gâteaux, faire la cuisine, jouer au handball

1 **date et lieu de naissance** Geburtsdatum und -ort
2 **la formation** die Ausbildung
3 **les connaissances** *f. pl. hier:* die Kenntnisse
4 **être né/e le** geboren sein am

69|6 **2** **Lucas écrit des lettres. Choisis la bonne formule.**

Slt · Cher papy · Monsieur, Madame · Je t'embrasse! · Respectueuses salutations · À +

Pour commencer	un message à ses copains	une carte postale à son grand-père	une lettre de motivation
Pour terminer	un message	une lettre à sa copine	une lettre de motivation

69|3 **3** **S'occuper des enfants Duval, ce n'est pas facile! Complète avec *être en train de* ou *venir de*.**

1. – Il faut ranger!

   – Mais je ______________________ regarder un film!

2. – À table!

   – Non, merci, je ______________________ prendre mon goûter!

3. – Qui s'occupe des poissons?

   – Je ______________________ les mettre dans la piscine!

4. – Va sous la douche!

   – Ah non! Je ______________________ me maquiller!

5. – Allez, au lit!

   – Je ______________________ appeler ma copine!

6. – Je ______________________ rêver!

69|7 **4** **Ton cousin veut faire un stage dans un garage en France. Il a traduit sa lettre de motivation à l'aide d'un programme de traduction. Corrige ce qui n'est pas correct dans la lettre en français. Écris dans ton cahier. N'oublie pas les formules de politesse[1].** ▶ Fiche, p. 129/E

1 **la formule de politesse** die Höflichkeitsformel

Salut,
J'ai lu juste votre motivation du 14 novembre et je vais poser la candidature.
Je suis en deuxième année d'apprentissage et je vais finir mon métier de mécanicien de formation à la fin de l'année. Au cours de ma formation, je voulais faire un stage à l'étranger. Je parle bien anglais (niveau B1) et un peu français (niveau A1).
Les voitures sont ma passion et j'ai très intéressé de votre entreprise. L'année prochaine, quand j'étais en classe de neuvième je faisais déjà un stage avec un garage.
Je joins aussi mon CV.
J'espère que je peux bientôt vous connaître.
Avec les amitiés
Markus Schmidt

Sehr geehrte Damen und Herren,

ich habe gerade Ihre Anzeige vom 14. November gelesen und ich möchte mich bewerben.
Ich bin im zweiten Ausbildungsjahr und werde meine Facharbeiterausbildung als Mechaniker Ende des Jahres abschließen. Im Rahmen meiner Ausbildung möchte ich ein Praktikum im Ausland machen. Ich spreche gut Englisch (Niveau B1) und ein wenig Französisch (Niveau A1).
Autos sind meine Leidenschaft und Ihr Unternehmen interessiert mich sehr. Letztes Jahr, als ich in der 9. Klasse war, habe ich schon ein Praktikum in einer Autowerkstatt gemacht.
Ich lege Ihnen auch meinen Lebenslauf bei.
Ich hoffe, dass ich bald Ihre Bekanntschaft machen kann!

Mit freundlichen Grüßen,
Markus Schmidt

4 C Tout était normal quand tout à coup …

70|1 **1** Pendant ton stage, tu dois installer un décor de film. Voilà les notes du réalisateur. Lis-les et fais un dessin.

Au centre, il y a la piscine. Au milieu de la piscine, il y a une bouée[1]. À droite de la piscine, il y a un transat. Sur le transat, il y a un manteau. À gauche de la piscine, il y a une poubelle. À côté de la poubelle, il y a un ballon. Entre la piscine et la poubelle, il y a un chat avec des lunettes de soleil. De l'autre côté de la piscine, en face du chat, il y a un livre fermé. Derrière la piscine, il y a un chemin qui part vers la gauche, et au bout du chemin, il y a un escargot.

1 **la bouée** *hier:* der Schwimmreifen

2 a **Complète le poème avec les mots suivants et l'adjectif possessif qui convient.** ▶ Liste alphabétique, p. 174–190

le ballon les catastrophes
la capsule le chef
le garage le moment
le petit-déjeuner
le printemps le rapport

Chaque bouteille a *sa capsule* ______,
chaque footballeur a ______,
chaque job a ______.
Chaque croissant a ______,
chaque voiture a ______,
chaque stage a ______.
Chaque hiver a ______,
chaque vie a ______,
chaque journée a ______ heureux!

b **Écoute et corrige ton poème si nécessaire. Puis écris un poème comme en a.**

18

3 **Complète les mini-dialogues. Utilise *ne ... pas encore/jamais/plus/rien/personne*.**

1. Je ______ ai ____________________ compris!
2. Je ______ y suis ____________________ allé!
3. Je ______ l'ai ____________________ vu!
4. Il ______ y a ____________________!
5. Il ______ est ____________________ là.

4 **Enzo était seul au garage. Lis son message et souligne d'abord les expressions de temps. Puis entoure les formes des verbes qui conviennent.** ▶ Grammaire, p. 75/4

▶ 71|4

Hier, *j'ai travaillé / je travaillais* dans le garage à côté de chez moi. Et comme d'habitude, il y *a eu / avait* beaucoup de travail. D'abord, *j'ai apporté / j'apportais* des cafés aux clients et *j'ai rangé / je rangeais* les étagères. Comme toujours, ça *n'a pas été / n'était pas* très intéressant mais *je ne me suis pas ennuyé / je ne m'ennuyais* pas. Tout à coup, le téléphone *a sonné / sonnait*. Alors, le chef *a répondu / répondait*. Au début, il *a discuté / discutait*. Puis, il *a dû / devait* partir très vite et moi, *je suis resté / je restais* seul au garage. Alors, *j'ai sorti / je sortais* mon portable et *j'ai téléchargé / je téléchargeais* des chansons. À la fin, *j'ai bien rigolé / je rigolais bien*.

5 a **Ils racontent des histoires. Regarde chaque image et lis les mots. Quand est-ce que l'action commence? Mets une étoile (☆).** ▶ Grammaire, p. 75/4

▶ 71|5

- a faire beau
- b mer / être belle
- c vague / arriver
- d bateau / chavirer / tomber à l'eau

- a attendre le bus / comme d'habitude
- b une voiture / arriver
- c une fée / sortir de la voiture
- d donner un cadeau

- a faire gris et froid
- b marcher / depuis des heures
- c le soleil / sortir
- d découvrir un restaurant magnifique

b **Écris dans ton cahier au moins deux mini-histoires de a. Utilise l'imparfait (avant l'étoile) et le passé composé (après l'étoile).** ▶ Grammaire, p. 75/4

Remplace l'étoile ☆ (= l'action qui commence) par ces mots: *alors, là, tout à coup.*

4 D Félix Jeunet à l'appareil ...

73|6

1 a Retrouve les formes du verbe *savoir*. ▶ Les verbes, p. 140

aisusavaissavonssaissaitsaventsavezsais

savoir

présent				passé composé
je ________		nous ________		j' ________
tu ________		vous ________		imparfait
il/elle/on ________		ils/elles ________		je ________

73|7

b C'est la cata au bureau! Complète par les formes des verbes *savoir* ou *pouvoir* au présent. ▶ Grammaire, p. 75/5

1

– ________-tu finir ce rapport?

– Je ne ________ pas si j'ai le temps!

2

On ne ________ pas télécharger les candidatures. Qui ________ nous aider?

3

Nous ne ________ pas les prendre, ils ne ________ rien faire!

4

________-vous appeler nos clients parce que vous ________ bien parler anglais.

19
DELF
72|4

2 a Tu travailles dans une location de bateaux qui cherche un/e collègue pour les mois d'été. Trois personnes (Gabin, Armance, Augustin) ont répondu à ton annonce. Écoute leurs messages et prends des notes.

	message 1	message 2	message 3
nom:			
âge:			
langues parlées:			
expérience avec les bateaux:			
qualité/défaut: (à mon avis)			

b **Écoute encore une fois et complète tes notes. Avec qui est-ce que tu voudrais travailler? Pourquoi? Réponds en une phrase.**

____

73|8

3 a **Marie répond à une annonce. Relie chaque réponse à la bonne question.**

Bonjour! Qui est à l'appareil?	1	a	Non, mais je suis très motivée!
Avez-vous déjà travaillé dans une sandwicherie?	2	b	Oui, mon niveau d'anglais est assez bon!
En août, c'est 5 euros de l'heure. Ça vous va?	3	c	Euh, oui, je suis d'accord.
Pas d'expérience, alors. Mais parlez-vous anglais?	4	d	J'appelle à cause de l'annonce.
C'est à quel sujet?	5	e	C'est Marie Delteil.
Et êtes-vous libre cet été?	6	f	J'ai le temps au mois d'août.

b **Reformule les questions par inversion (2, 4 et 6) en questions avec *est-ce que*.** ▶ Grammaire, p. 74/3

20

4 **Tu veux appeler l'entreprise où tu as posé ta candidature. Écoute et répète ces phrases à l'envers.**

1. a L'annonce.
   b À cause de l'annonce.
   c J'appelle à cause de l'annonce.
2. a Très motivé/e.
   b Je suis très motivé/e.
   c Non, mais je suis très motivé/e!
3. a Parler anglais.
   b Bien parler anglais.
   c Je sais bien parler anglais.
4. a Mois d'août.
   b Temps au mois d'août.
   c J'ai le temps au mois d'août.

73|9

5 **Tu veux faire un stage dans un magasin de jeux vidéo. Tu (B) appelles. Faites le jeu de rôle (3–4 minutes). Puis échangez les rôles.** ▶ Exercices 3 et 4 ▶ Les mots pour le dire, p. 213/18

Partenaire A = l'élève français/e	**Partenaire B** = jeune qui veut faire un stage
– Das Telefon klingelt. Du hebst ab und fragst, wer am Apparat ist.	– Du grüßt und stellst dich vor. Du sagst, dass du **A** sprechen möchtest.
– Du sagst, dass du **A** bist und fragst nach dem Grund des Anrufs.	– Du sagst, dass du wegen der Anzeige anrufst und dass du gern dein Praktikum im Computerspielgeschäft machen möchtest.
– Du sagst, dass der Platz noch frei ist, und fragst **B** nach seinem/ihrem Alter, nach seiner/ihrer Schulklasse und nach seiner/ihrer beruflichen Erfahrung.	– Du sagst, dass du 15 Jahre alt bist, dass du in die neunte Klasse gehst und dass du schon einen Monat in einer Bäckerei gearbeitet hast.
– Du fragst, welche Programme **B** benutzen kann und ob **B** sich mit Computerspielen gut auskennt.	– Du sagst, dass du seit drei Jahren am Computerclub teilnimmst und viele Spiele kennst.
– Du fragst, welche Sprachen **B** spricht.	– Du sagst, dass du gut französisch sprichst.
– Du findest das gut und vereinbarst einen Termin für den nächsten Dienstag.	– Du sagst, dass du am Dienstag kommen kannst und verabschiedest dich.

4 Fais le point

Hier überprüfst du, ob du den Stoff der *Unité 4* beherrschst. Die Lösungen findest du auf S. 95.

Vocabulaire

1 **Julien et Marie parlent de leurs expériences. Qu'est-ce qu'ils disent?**

1. Julien sagt, dass er Tiere mag und deshalb ein Praktikum in einem Zoo machen will.

____

____

2. Marie meint, dass der Vorteil ihres Ferienjobs ist, dass sie draußen arbeiten kann.

____

____

3. Sie bedauert aber, dass sie oft früh aufstehen muss.

____

____

Les verbes pronominaux au passé composé

2 **Annie raconte son week-end sur son blog. Complète par les formes des verbes pronominaux au passé composé.**

s'amuser   se maquiller   se dépêcher   s'entraîner   s'ennuyer   s'habiller (2x)   se lever   s'occuper

Ce week-end, je ne __________ pas ______________________ avec ma copine Charlotte. Dimanche, nous ______________________ ______________________ à 9 heures. D'abord, je

______________________________ de ses chats. Ensuite, nous ______________________________ pour retrouver Rémi à la piscine. Charlotte ______________________________ pour un concours de natation. Rémi et moi, on ______________________ bien ______________________! Après la piscine, nous ______________________________. Rémi ______________________________ assez vite, mais nous les filles, nous ______________________________ pendant une heure!

Les verbes *savoir* et *pouvoir*

3 **Qu'est-ce qu'ils savent faire? Complète les phrases par *savoir* ou *pouvoir*.**

1. Il ne ______________________ pas chanter.
2. Elles ne ______________________ pas chanter.
3. Elles ne ______________________ pas regarder leur série préférée.
4. Il ne ______________________ pas nager.
5. Il ______________________ faire du cheval!

Le passé composé et l'imparfait

RÉVISER

4 **Voici des scènes de films célèbres. Raconte ce qui se passe. Utilise l'imparfait et le passé composé.**

1. No • habiter déjà • dans la rue • quand • Lou • rencontrer • la jeune fille.

____

2. Le grand reporter Tintin et son chien Milou • chercher • depuis longtemps • le bateau «la Licorne» • quand • ils • faire la connaissance du Capitaine Haddock.

____

____

3. Philippe • ne plus avoir confiance en la vie • quand • Driss • commencer à travailler pour lui.

____

____

Qu'est-ce qu'on dit?

5 **Relie.**

Pour commencer une lettre de motivation: **1**	**a** Respectueuses salutations
Pour terminer une lettre de motivation: **2**	**b** C'est à quel sujet?
Pour dire au chef que tu voudrais le rencontrer: **3**	**c** C'était une expérience géniale!
Quand la personne que tu appelles n'est pas là: **4**	**d** Monsieur, je viens de lire votre annonce du 22 janvier.
Pour parler des désavantages du babysitting: **5**	**e** Travailler avec des enfants, c'est dur parce qu'on n'est jamais seul!
Pour dire que le stage t'a beaucoup plu: **6**	**f** J'espère pouvoir faire bientôt votre connaissance.
Pour demander de quoi la personne veut parler: **7**	**g** Est-ce que je peux laisser un message?

Die Lösungen findest du auf S. 95.

Tu es en forme pour l'unité 5? facultatif

1 a Comment est-ce qu'on décrit une personne? Complète ce tableau avec les mots et les expressions que tu connais déjà. Écris dans ton cahier. ▶ Liste alphabétique, p. 191

la taille[1]	*les yeux*	*les cheveux*	*les vêtements*	*Il/Elle est comment?*
Il/Elle est ___	*Il/Elle a les yeux ___*	*Il/Elle a les cheveux ___*	*Il/Elle porte un/une ___*	*Il/Elle a l'air ___* *Il/Elle est ___*

1 **la taille** die (Körper-)Größe

21 DELF

b Ton corres va arriver à l'aéroport[1] demain. Écoute et regarde le dessin. C'est qui? Coche. 1 **l'aéroport** *m.* der Flughafen

c Faites des devinettes. A choisit une personne du dessin de b et la décrit. B devine qui c'est. Puis échangez les rôles. Utilisez les expressions de a.

2 a Retrouve les adjectifs et fais une liste. Ajoute aussi les formes féminines. ▶ Liste alphabétique, p. 174

nou – heu – drô – malheu – jo – li – gra – joy – nor – fa – di – formi – hor

le – li – cile – veau – rect – rible – reux – reux – bre – tuit – mal – eux – dable

___

___

___

b Dans ta liste de a, souligne tous les adjectifs qui vont devant les noms. ▶ Grammaire, p. 35/4

3 a Marion parle du week-end dernier. Qu'est-ce qui s'est passé? Trouve d'abord pour chaque image la bonne phrase (▶ p. 65). Puis complète par les bons verbes au passé composé.

je suis (rentré/rentré**e**)
j'ai (chanté)
je me suis (amusé/amusé**e**)

1 

2 

3 

4 

voir paniquer vouloir rigoler se dépêcher sortir tomber

A Mon copain est toujours en retard. Dimanche, il ______________ pour arriver au théâtre à 20 heures.

B C'est mon chat Tigre. Il ______________ à cause du chien des voisins et il ______________.

C Au théâtre, on ______________ des acteurs géniaux! On ______________ toute la soirée.

D Samedi, nous ne ______________ pas ______________ parce que nous ______________ regarder un film à la télé sur une ONG qui travaille au Tchad.

b **C'était comment? Trouve des commentaires pour chaque situation de a. Écris dans ton cahier.**

formidable sympa super intéressant génial le pied fou trop cool ___	dommage horrible l'horreur nul la cata risqué ___

4 a **Simon parle d'autrefois. Complète par les verbes à l'imparfait.** ▶ Grammaire, p. 51/4

avoir (2x) construire être (2x) habiter jouer

Quand j'______________ cinq ans, j'______________ dans le sud de la France. On ______________ une maison très grande et notre jardin ______________ formidable. Ma sœur et moi, on ______________ dehors tous les après-midi. C' ______________ génial! Nous ______________ souvent des cabanes. Un jour, nous avons entendu un bruit chez les voisins ...

b **Louise raconte son matin pas comme les autres. Retrouve l'ordre de son histoire.**

- [ ] a J'ai posé mon café sur la table. Puis, je suis allée dans le couloir et j'ai ouvert la porte.
- [ ] b À côté de la clé, il y avait un numéro de téléphone et un message: «Au secours!»
- [ ] c Il n'y avait personne ...
- [ ] d Mais tout à coup, j'ai vu une clé devant mes pieds.
- [ ] e Au petit-déjeuner, je prenais un café avec beaucoup de lait comme d'habitude.
- [ ] f C'était dimanche.
- [ ] g À 7 heures, on a sonné à la porte.
- [ ] h Tout le monde dormait encore sauf mon chat qui était avec moi dans la cuisine.

c **Choisis une des histoires (a ou b) et écris la fin. Qu'est-ce qui s'est passé? Utilise des expressions de temps pour structurer ton texte.** ▶ Grammaire, p. 75/4

après ensuite puis plus tard tout l'après-midi tout à coup là

Unité 5 La Loire à vélo

Approches

RÉVISER

1 **Quelle est la couleur du foulard d'Hervé? Lis les phrases et trouve la solution.**

Aurélien n'a pas les cheveux longs et il porte une ceinture. Hervé ne met jamais de vêtements blancs. Le garçon qui porte la casquette ne s'appelle pas Aurélien. Luc a une mèche brune et un foulard rouge. Martin adore porter des foulards et des ceintures et il déteste le rouge. Le garçon avec les lunettes de soleil est le petit copain de Joséphine.

Quelle est la couleur du foulard d'Hervé? ____________________

RÉVISER

22

DELF

2 **Nos amis visitent un musée. Qui est qui? Écoute le guide et relie. Attention, il y a deux intrus!**

1

2

a Charles VIII

b Anne de Bretagne

c Henri IV

d Agnès Sorel

e Catherine de Médicis

f François 1er

3

4

80|2 81|3

3 Jérôme fait un exposé sur la Loire. Retrouve les mots et complète sa fiche. ▶ Texte et carte, p. 80–81

stock.adobe.com/aterrom

Des vacances au bord de l'eau

le ______________ : Loire

des r ______________ visitées: 2

des d ______________ traversés: 6

des ______________ célèbres:

Angers à l'______________ de Tours

Amboise à l'______________ de Tours

Azay-le-Rideau au ______________ de Tours

Blois au ______________ de Cheverny

4 a Comment est-ce qu'ils passent leurs vacances? Note une phrase sous chaque dessin. Utilise les deux adjectifs dans chaque phrase. ▶ Grammaire, p. 89/1

(ne pas) être actif(s)/active(s)
(ne pas) être sportif(s)/sportive(s)

1

Il est ______________

____

2

____

____

3

____

____

4

____

____

23 DELF

b Écoute ces commentaires et note pour chaque nom le numéro correspondant.

☐ Alex et Léo ☐ Éléna et Laure ☐ Nico ☐ Olga

5A On a volé mon sac à dos!

1 a **Qu'est-ce que c'est? Note dans ton cahier les mots avec l'article indéfini.** ▶ Liste des mots, p. 165–166

1 

2 

3 

4 

b **Lis le texte, p. 82 et regarde la liste alphabétique, p. 174–190. Trouve des verbes et des compléments qui vont avec les noms de a. Note-les dans ton cahier.**

admirer/regarder le feu d'artifice

2 a **Au commissariat. Retrouve d'abord les mots puis complète.**

1. Le vol a eu ieul __________ à 10 heures du tinma ______________.
2. La mectivi ______________ a déclaré à la licepo __________ qu'elle avait 1000 euros dans son sac.
3. Elle a fait deux descriptions différentes du leurvo __________.
4. La commissaire n'a pas voulu recroi __________ cette histoire.

b **Trouve un mot de la même famille des mots de a marqués en vert.** ▶ Liste alphabétique, p. 174–190

le vol → voler; ____

____

c **Traduis les phrases de a dans ton cahier.**

24

3 a **Relie d'abord les adjectifs avec leurs noms correspondants. Puis écoute le dialogue au commissariat et vérifie tes solutions.**

	nouvel	opinel
un	vieille	tableau
une	vieilles	radio
des	beau	montres
	nouveaux	livres

b **Dans quelle boîte est-ce que tu trouves les objets de a? Coche.**

1

2

3

c **Maintenant décris dans ton cahier ce qu'il y avait dans les deux autres boîtes (▶ exercice 3 b).**

25

83|4

4 **Au voleur! Écoute les déclarations des touristes. À ton avis, qui est le voleur? Prends des notes et fais un portrait-robot.**

cheveux ______________________

accessoires ______________________

vêtements ______________________

RÉVISER

83|4

5 a **GRAMMAIRE MIXTE: C'est arrivé à Amboise, il y a très longtemps. Complète d'abord par les adjectifs. Puis note les formes des verbes qui conviennent. Utilise l'imparfait ou le passé composé.**

▶ Module 1 et Grammaire, p. 75/4 ▶ Les verbes, p. 138–141

chic petit/e bleue/e lourd/e grand/e
vieux/vieille traditionnel/le long/ue

C' *était* ______ la nuit, une *longue* ______ nuit d'hiver. Il ______ froid et il	*être – faire*
n'y ______ personne dans les rues de notre ______ ville.	*avoir*
À minuit, un homme ______ du ______ château.	*sortir*
Il ______ la ______ place. Il ______ grand et	*traverser – être*
______ une veste ______ assez ______.	*porter*
Il ______ l'air en retard. Deux minutes plus tard, il ______	*avoir – arriver*
devant une maison ______. Elle ______ fermée .	*être*
L'homme ______ quelque chose. Alors, quelqu'un ______	*dire – ouvrir*
la ______ porte et l'homme ______ très vite.	*entrer*

b **Imagine la fin de l'histoire. Écris dans ton cahier.**

83|5

6 a **Une inconnue t'a donné un sac et elle est partie. Au commissariat, on te pose des questions. Relie.**

Comment	1	a	vous avez trouvé dans le sac?
Où	2	b	est-ce que vous habitez?
Qui est-ce qui	3	c	s'est passé?
À quelle heure	4	d	est-ce que vous vous appelez?
Pourquoi	5	e	est-ce que vous n'êtes pas venu/e tout de suite?
Qu'est-ce que	6	f	est-ce que vous êtes arrivé/e en ville?
Qu'est-ce qui	7	g	vous a donné ce sac?

b **Réponds aux questions. Écris le dialogue dans ton cahier.** ▶ Méthodes, p. 124/B

83|6

5 B Ce n'est pas tous les jours la vie de château!

85|4 **1** **La vie de touriste, ce n'est pas toujours facile. Retrouve les mini-dialogues.**

1 Notre hôtel est complet!
2 La chambre est magnifique et on nous apporte le petit-déjeuner au lit!
3 Dans cette ville, tout est cher!
4 Zut, je n'entends plus rien!
5 Ce sont les dernières chambres, il faut vous dépêcher!
6 J'en ai marre! Je veux rentrer!

a Sauf l'auberge de jeunesse et le camping!
b On arrive tout de suite!
c C'est vraiment la vie de château!
d Mais non! On continue!
e Zut! Est-ce que vous connaissez un autre hôtel?
f C'est parce qu'il n'y a pas de réseau ici.

2 **On a soif! Retrouve les formes du verbe *boire* et complète les fiches.** ▶ Les verbes, p. 139

boire		passé composé
je ______	nous ______	j' ______
tu ______	vous ______	imparfait
il/elle/on ______	ils/elles ______	je ______

3 **Des amis se retrouvent à la cafétéria de l'auberge de jeunesse. Complète par les formes du verbe *boire*.**
85|5
▶ Grammaire, p. 89/2

Shutterstock.com/Nuchylee

1. – Karim, qu'est-ce que tu ______?
   – Je ne sais pas encore.
2. – Jérôme et Charlotte, qu'est-ce que vous ______?
   – On ne sait pas. Peut-être du jus d'orange?
3. – Zelda et moi, nous ______ toujours de l'eau. Et Momo, qu'est-ce qu'il ______?
4. – Mes copines ______ de l'orangina et moi, je ______ un coca.

84|2 **4** a **Luis prépare un voyage. Il veut aller au bord de la Loire. Il appelle l'office de tourisme[1] (1.), une auberge de jeunesse (2.) et une location de canoë (3.). À ton avis, qu'est-ce qu'il veut savoir? Note pour chaque dialogue trois mots ou expressions.** ▶ Méthodes, p. 124/C

1 l'office de tourisme *m.* die Touristeninformation

1. *visiter,* ______
2. *sac de couchage,* ______
3. ______

26

b Écoute maintenant les dialogues et complète les fiches.

1.

spectacles en juillet?	où?	quand?	prix
______	______	______	______
______	______	______	______

2.

ville/village	prix/personne/nuit	places en juillet	Combien de lits?
______	______	______	______

3.

endroit	prix/heure	prix/journée
______	______	______

85|6

5 a Karim veut faire une réservation à l'auberge de jeunesse. Coche les bonnes phrases. ▶ Méthodes, p. 124/C

1. Du fragst, ob es noch Platz für drei Personen gibt.
   - ☐ Qu'est-ce qu'il faut encore pour trois personnes?
   - ☐ Est-ce que vous voulez de la place pour trois nuits?
   - ☐ Est-ce que vous avez encore de la place pour trois personnes?
2. Du fragst, wie viel das Zimmer kostet.
   - ☐ Il y a combien de lits?
   - ☐ C'est pour combien de personnes?
   - ☐ Combien coûte la chambre?
3. Du fragst, ob das Frühstück im Preis inbegriffen ist.
   - ☐ Est-ce qu'on peut prendre le petit-déjeuner?
   - ☐ C'est avec ou sans le petit-déjeuner?
   - ☐ Où est-ce qu'on peut préparer le petit-déjeuner?
4. Du fragst, bis wie viel Uhr ihr kommen könnt.
   - ☐ Jusqu'à quelle heure est-ce qu'on peut arriver?
   - ☐ Jusqu'à quelle heure est-ce que vous servez?
   - ☐ À quelle heure est-ce que vous ouvrez?

DELF

b Lis le prospectus de l'auberge de jeunesse et réponds dans ton cahier aux questions 2, 3 et 4 de Karim.

c Relis le prospectus et note encore deux questions comme en a. Ton/Ta partenaire doit y répondre.

AUBERGE DE JEUNESSE

L'auberge, située dans un village tranquille, est le point de départ rêvé pour découvrir trois des plus beaux châteaux de la Loire: Chambord, Blois et Cheverny. Elle est installée dans une ancienne école communale, au charme incontestable.

À partir de 21,30 € Langues

Tarifs

- Nuitée en chambre partagée (4 à 6 lits)
- Draps et couvertures fournis
- Linge de toilette non fourni
- Petit déjeuner inclus

Ouverture

Du 01/03 au 31/10
Horaires réception:
8 h – 12 h / 17 h – 21 h

Services

- Équipements et services
- Jardin (1)
- Lave-linge collectif (3)
- Piscine (1)
- Animaux acceptés

Activités

CULTURE ET LOISIRS: Sites UNESCO, musées, monuments et châteaux
SPORTS: VTT / VTC, randonnée, natation, équitation, canoë, baignade

5 C J'ai retrouvé mon opinel!

86|2

1 **Une amie de Loïc raconte ce qui s'est passé sur la plage. Remets les phrases dans l'ordre.** ▶ Texte, p. 86

- ☐ À la fin, ils ont compris que c'était le couteau du grand-père de Pauline!
- ☐ Quand elle a vu le couteau de Loïc, elle est devenue bizarre!
- ☐ Loïc et Pauline – c'est le nom de la fille – ont parlé pendant un moment.
- ☐ Loïc coupait son fromage avec son nouveau couteau.
- ☐ Je crois que Loïc lui a bien plu.
- ☐ On faisait un pique-nique sur la plage.
- ☐ Tout à coup, une fille est arrivée.
- ☐ Après, Pauline a passé l'après-midi avec nous.
- ☐ C'est un vieil opinel qu'il a acheté au marché aux puces à un grand type assez costaud.

2 a **Qu'est-ce qu'on ne peut pas emprunter? Trouve l'intrus.**

1. Qu'est-ce qu'on ne peut pas emprunter?
   un vélo   un livre   un couteau   un pique-nique   un sac de couchage
2. Qu'est-ce qu'on ne peut pas réussir?
   sa vie   un ami   un examen   un voyage   un gâteau au chocolat
3. Qu'est-ce qu'on ne peut pas couper?
   un chocolat chaud   un fromage   un pain   une tomate
4. Qu'est-ce qu'on ne peut pas prendre dans sa main?
   un couteau   un stylo   une blague   un ballon   un porte-monnaie

b **Écris deux questions et deux chaînes comme en a dans ton cahier. Échangez vos exercices en classe.**
▶ Liste alphabétique, p. 174–190

RÉVISER

87|4

3 a **Léo a écrit un e-mail à son ami Sébastien. Quand est-ce qu'il doit utiliser le passé composé? Et l'imparfait?** | Lies und markiere den Text in den verschiedenen Farben je nach Kategorie der linken Spalte. ▶ Grammaire, p. 75/4

Shutterstock.com/prosign

Kette von Ereignissen + du kommentierst ein Ereignis

Cher Sébastien,

Comment vas-tu? Cela fait longtemps que je ne t'ai pas écrit. Alors, voilà des nouvelles: Il y a deux mois, ma tante m' **?** (*inviter*) chez elle. Donc, pour les vacances, j' **?** (*prendre*) le train et quatre heures plus tard, je **?** (*arriver*) à Blois. Ma tante **?** (*organiser*) un programme génial pour moi: tous les jours, nous **?** (*visiter*) un château. Je **?** (*rester*) chez ma tante deux semaines. C' **?** (*être*) formidable.

Neu einsetzende Handlung + du erzählst von früher + du beschreibst die Umstände

Un jour, on ? (*aller*) à Chenonceau. Autrefois, c' ? (*être*) le château de Diane de Poitiers. Aujourd'hui, c'est un musée magnifique. Il ? (*faire*) beau mais pas trop chaud. Il n'y ? (*avoir*) pas beaucoup de touristes et le jardin n' ? (*être*) pas encore fermé.

du schilderst eine Aktion + du beschreibst eine Person + Aktion + du kommentierst ein Ereignis

Alors j'y ? (*descendre*) et là, il ? (*se passer*) quelque chose de formidable: je/j' ? (*faire*) la connaissance de Nora. Elle ? (*avoir*) un look sympa: elle ? (*porter*) un jean blanc, un tee-shirt bleu et des lunettes de soleil. Elle ? (*photographier*) tous les coins du jardin. On ? (*rigoler*) tout l'après-midi. C' ? (*être*) super!

Neu einsetzende Handlung + du beschreibst die Umstände

Tout à coup, mon portable ? (*sonner*). C' ? (*être*) ma tante qui me ? (*chercher*) depuis des heures! Elle ? (*être*) assez furieuse!

Kette von Ereignissen + du kommentierst ein Ereignis

Alors Nora me/m' ? (*donner*) son numéro de portable et je ? (*partir*). Je/J' ? (*être*) super triste! Mais qui sait? On va peut-être bientôt se revoir parce qu'elle habite aussi à Blois!

Bon, et toi? Tes vacances? Raconte! À plus! Léo

RÉVISER

87|4

b **Passé composé ou imparfait? Relis ▶ Grammaire, p. 75/4, puis complète le mail d'Éléna par les formes des verbes entre parenthèses. Note aussi le sujet.** ▶ Les verbes, p. 147–149

l. 5: ma tante m'a invité; l. 6: ______________________

____

____

____

____

____

____

RÉVISER

87|5

4 **Léo a revu Nora. Qu'est-ce qu'ils ont fait? Qu'est-ce qui s'est passé? Raconte l'histoire dans ton cahier (60–80 mots). Utilise l'imparfait et le passé composé comme en 3.** ▶ Grammaire, p. 75/4

1 

2 

3 

4 

5 D Rendez-vous au café Ubu?

DELF ▶ 88|1

1 **Tu es en France chez ton/ta corres. C'est ton anniversaire. Tu invites tes nouveaux copains. Ils répondent. Qui répond quoi? Coche.**

	Il/Elle va venir	Il/Elle ne va pas venir	Il/Elle va peut-être venir
1. *Cool! J'espère qu'on va bien s'amuser! Alan*			
2. Je vais probablement passer! Soraya			
3. Je suis désolée! Adèle			
4. Super idée! J'accepte avec plaisir! Louis			
5. *C'est vraiment dommage! Vendredi, je pars à Marseille. Émilie*			
6. Je ne peux pas rester longtemps mais je viens, c'est sûr! Julie			
7. *C'est gentil mais en ce moment je suis trop crevé! Hugo*			
8. Merci pour ton invitation! Normalement, il n'y a pas de problème. Nathan			
9. Malheureusement, mon père ne veut pas! Stéphanie			
10. *Génial! Karim et Youssef viennent aussi? Victor*			

FR/DE

2 **Ton corres français est chez toi. Il raconte son rendez-vous avec Maja, une fille de ton école qui lui plaît bien. Ta petite sœur veut tout comprendre. Écris les phrases en allemand.**

RÉVISER

3 GRAMMAIRE MIXTE: À Nantes. Complète par les formes des verbes au présent et au passé composé.

▶ Les verbes, p. 139–141

avoir   découvrir   dire   être   prendre   venir

A:

Nous ____________ de visiter Nantes! On a ____________ beaucoup de beaux coins, même Jérôme! Au début, il ____________ toujours que ça ne l'intéresse pas mais après, il ____________ quand même! Sur la Loire, il y ____________ des bateaux qui ____________ de tous les pays du monde! Pour aller au château, on a ____________ le petit train. Maintenant, on ____________ dans un café et je ____________ de choisir ma boisson.

Bon, à samedi! Joris

4 Ton copain Adam t'invite au cinéma, demain soir. Tu as le temps? Réponds-lui.

▶ Méthodes, p. 130/F

88|3

A:

____

____

____

____

____

Shutterstock.com/mimagephotography

5 Dommage, je ne peux pas venir! Choisis une invitation (1 ou 2) et écris ta réponse dans ton cahier. Dis aussi pourquoi tu ne peux pas venir et fais une autre proposition.

▶ Méthodes, p. 130/F

88|3

1 INVITATION

Chère Lucie,
je t'invite à la fête que j'organise pour mon anniversaire samedi prochain. C'est à 20 heures, sur un bateau, sur la Seine! On va danser! Je compte sur toi!
Esther

2 Yvan

Slt Yvan, on va faire du parkour place Royale.
Tu viens? dani
18:34

5 Fais le point

Hier überprüfst du, ob du den Stoff der *Unité 5* beherrschst. Die Lösungen findest du auf S. 96.

Vocabulaire

1 **Qu'est-ce que tu vois sur l'image? Note les mots de l'unité 5. N'oublie pas l'article défini.**

____

____

____

____

____

Imparfait et passé composé

RÉVISER

2 **Une aventure au bord de la Loire. Complète avec le verbe qui convient. Utilise le passé composé ou l'imparfait.**

aller avoir être (3 x) faire (2 x) réussir sortir tomber passer venir

Hier, nous ______________ une balade à vélo près de Saint-Mathurin. L'ambiance ______________ super. Il ______________ très beau, on ______________ contents et on ______________ assez vite.

Tout à coup, il y a eu un carrefour. Moi, je ______________ sous le pont mais mon copain n'a rien vu et il ______________ dans la Loire! L'horreur!

Il ______________ de l'eau mais sans son vélo. Heureusement, il y ______________ des gens sur un bateau. Ils ______________ nous aider! Ensemble on ______________ à sauver le vélo. Mais après, nous ______________ crevés!

Le verbe *boire*

3 **Complète par les formes du verbe *boire*.**

Qu'est-ce qu'on dit?

4 **Il se passe toujours beaucoup de choses pendant les vacances. Qu'est-ce tu dis en français? Écris les phrases dans ton cahier.**

1. Im Polizeirevier sagst du, dass du eine Anzeige aufgeben möchtest.
2. Der Polizist fragt dich, ob du den Dieb beschreiben kannst.
3. Im Hotel fragst du, ob das Hotel ausgebucht ist.
4. Du sagst, dass es dir leid tut, aber dass es zu teuer ist.
5. Deine Freundin sagt, dass sie wahrscheinlich nicht zu deiner Geburtstagsparty kommen kann.
6. Du sagst, dass ihr euch in der Woche danach treffen könntet.

Die Lösungen findest du auf der Seite 96.

Tu es en forme pour l'unité 6? facultatif

1 a **Pose des questions. Écris-les dans ton cahier.**

Exemple: À qui est-ce que tu racontes ta journée?

À qui À quoi De qui De quoi Avec qui	est-ce que tu	racontes ta journée? pars en vacances? fais des photos? penses à 7 heures du matin? écris beaucoup de messages? vas au cinéma / à la piscine / ___? téléphones le week-end / le soir? parles souvent avec tes copains/copines?

écrire qc **à** qn penser **à** qn/qc raconter qc **à** qn téléphoner **à** qn parler **à** qn	**à qui / à quoi**
parler **de** qn/qc	**de qui / de quoi**

b **Pose les questions de a à ton/ta partenaire. Il/Elle répond.**

2 a **Qu'est-ce que Louis doit faire aujourd'hui? Écris sept phrases dans ton cahier. Utilise l'impératif.**

Mange.	Iss!
Mangeons.	Lasst uns essen!
Mangez.	Esst! / Essen Sie!

1. manger avec nous ce soir
2. ranger sa chambre
3. boire assez au collège
4. préparer le dîner
5. ne pas oublier son portable
6. acheter deux litres de lait
7. ___

b **La mère parle à Louis et à sa sœur Marie. Qu'est-ce qu'elle dit à ses deux enfants? Utilise les phrases de a. Écris dans ton cahier.**

3 **Natalie et sa corres française Manon parlent de leurs familles. Complète par les pronoms *le*, *la*, *les* ou *y*.**
▸ Grammaire, p. 21/3

Natalie: Moi, j'habite à Hambourg avec mes parents et mon frère. Mais mes grands-parents habitent en Angleterre[1]. Ma tante et mes cousins ________ habitent aussi. Je ne ________ vois pas souvent. C'est triste parce que je ________ aime beaucoup. Mais heureusement, mon cousin Alex passe une année à Kiel. Ce n'est pas loin et je vais ________ voir la semaine prochaine: il va venir quelques jours chez nous.

Manon: Chez nous, toute la famille habite ici, à Paris. Mais mon père part souvent à Bordeaux parce qu'il ________ travaille. Ma mère travaille beaucoup et je ________ vois seulement le soir.

1 l'Angleterre *f.* England

27

4 **Theo a passé deux semaines chez son correspondant Marc en Bretagne. Il raconte ce qu'il a mangé et bu au petit-déjeuner et à midi. Écoute et complète le tableau.**

	à manger	à boire
au petit-déjeuner		
à midi – entrée		
à midi – plat principal[1]		
à midi – dessert		

5 **Lis les devinettes. Complète par *qui*, *que/qu'*, *où*. Puis devine.** ▶ Grammaire, p. 34/1

Shutterstock.com/Matej Kastelic

1. C'est un endroit ______________ on peut acheter des vieilles choses. → C'est ______________.
2. C'est une chose ______________ on trouve sur les campings.
   → C'est ______________.
3. C'est un animal ______________ sait parler.
   → C'est ______________.
4. C'est un plat ______________ beaucoup d'enfants aiment bien.
   → C'est / Ce sont ______________.
5. C'est une personne ______________ travaille au CDI.
   → C'est ______________.
6. C'est un magasin ______________ on peut acheter des croissants.
   → C'est ______________.

6 **Fais le quiz! Écris les solutions dans ton cahier.** ▶ Liste alphabetique, p. 174

1. C'est un peu comme la télé mais en plus grand.
2. C'est la même chose qu'une route. Mais ça porte un autre nom en ville.
3. C'est plus grand qu'une ville mais moins grand qu'un pays.
4. C'est un peu comme un piano, mais on le porte quand on joue.
5. C'est comme un hôtel, mais c'est moins cher.
6. C'est comme «Erdkunde» et «Geschichte» en Allemagne, mais en France, c'est seulement une matière.
7. C'est moins long qu'une heure mais plus long qu'une seconde.

Unité 6 Visages de la Belgique

Approches

RÉVISER

1 **Tout le monde a des projets différents. Complète par *y* + *aller*. Puis dis pourquoi.**

on y va | j'y vais | je n'y vais pas | nous y allons

1. Tu vas au concert de David Guetta?

   Oui, *j'y vais* ______ parce que *ses chansons me plaisent* ______.

2. Tu vas au zoo avec tes parents?

   Non, ______ parce que ______.

3. Vous partez à Bruxelles, cet été?

   Oui, ______ parce que ______.

4. On va au feu d'artifice ce soir?

   Oui, ______ parce qu' ______.

2 **Tu connais déjà beaucoup de mots et d'expressions pour parler de ta région. Écris pour chaque catégorie au moins cinq mots avec l'article défini.** ▶ Liste alphabetique, p. 174–190

1 la nature — *la campagne,* ______

2 la ville — ______

3 les animaux — ______

4 les monuments — ______

5 la géographie — ______

______

RÉVISER

3 **Bruno veut aller au ciné. Qui vient avec lui? Complète par les formes de *venir*.** ▶ Verbes, p. 141

1. Bruno: Philippe, tu ______ au ciné, ce soir?
2. Philippe: Non, je ______. J'ai trop de devoirs.
3. Bruno: Et vous les filles, vous ______ avec nous?
4. Lio et Léa: Nous ______, bien sûr! Et nos potes ______ aussi!

92|1

4 **Relis le texte, p. 92–93, et souligne les erreurs dans ces textes. Puis corrige-les. Écris les mots corrigés dans ton cahier.**

1 Lore vient de Liège, en Belgique. C'est un pays où on parle plusieurs langues et où on fait la meilleure glace du monde.

3 Halima habite dans la capitale de la Belgique où des gens de différentes cultures vivent ensemble: Bruxelles. Avec ses parents, elle parle néerlandais et français.

2 Charles vit à Dinant, une grande ville en Belgique. Il aime bien faire du VTT dans les forêts. En Ardenne belge, en hiver, il fait souvent moins de 40 degrés.

4 Alassane habite tout près du centre-ville de Bruxelles. Il adore sa ville qu'il connaît très bien. Ses grands-parents et ses parents viennent de trois différents pays.

28 DELF 92|1

5 **Les jeunes racontent leurs projets de voyage sur Radio Ado. Écoute et complète la grille par les endroits et les prépositions. Attention: il manque une information.** ▶ Grammaire, p. 102/1

Qui?	Il/Elle vient	Il/Elle habite/est	Il/Elle va
Stéphane	*d'Allemagne*		

92|1

6 **Ces jeunes font connaissance pendant un stage de spéléo. Ils se présentent. Écris leurs textes dans ton cahier.**

Fatima / 17 ans
venir / Perpignan / sud de la France
parler / français et allemand
aller en été / grands-parents / habiter / Tunisie

Laurent / 15 ans
venir / Belgique
habiter / Bruxelles / capitale
parler / français et néerlandais
passer vacances / Sénégal

Amélie / 14 ans
2 sœurs
venir / Liège / ville / Belgique
parler / français et anglais
adorer / le chocolat

6 A Vive la Belgique!

94|1 **1** a **Amandine présente la Belgique. Trouve pour chaque photo la légende qui convient.** ▶ Texte, p. 94

le Perron

la Belgique

les moules-frites

le musée Hergé

la fête de Sainte-Marie

la Batte

1 

____

2 

____

3 

____

4 

____

5 

____

6 

____

1: akg-images/arcaid/Rene de Wit; 2: Shutterstock.com/Stanislava Karagyozova; 3: imago images/Belga; 4: stock.adobe.com/Flaviu Boerescu; 5: Shutterstock.com/Bastiaanimage stock; 6: Shutterstock.com/Rvector

b **Retrouve pour chaque photo une phrase dans le texte, p. 94. Note-les dans ton cahier.**

94|1 **2** a **Amandine a découvert la Belgique. Retrouve les douze mots dans la grille. Note les noms avec l'article défini dans ton cahier.** ▶ Texte, p. 94

E	V	R	Q	U	M	O	U	L	E	S	A
C	I	C	M	U	I	R	S	I	L	X	S
B	L	A	G	U	E	S	P	È	Y	T	T
I	B	T	H	A	J	P	E	G	F	U	U
O	L	H	E	P	O	I	R	E	V	C	C
S	O	É	X	V	N	I	A	U	B	I	E
Y	S	D	T	F	K	E	B	L	E	I	U
M	A	R	I	O	N	N	E	T	T	E	S
B	C	A	O	N	E	I	L	H	E	E	I
O	E	L	I	T	U	S	G	P	G	E	R
L	R	E	C	A	W	O	I	Q	É	L	O
E	O	J	O	I	E	Z	Q	U	A	I	P
A	L	R	G	N	O	F	U	M	N	T	A
C	B	I	S	E	E	Z	E	I	T	L	E

b **Trouve le mot de a qui correspond à chaque définition.**

1. C'est une spécialité qu'on mange avec des frites. ______________________
2. Ce sont des histoires nulles sur les Belges. ______________________
3. C'est un fruit qu'on utilise pour préparer le sirop de Liège. ______________________
4. On les sort dans la rue pour la fête de Sainte-Marie. ______________________
5. En wallon, on dit «betch». ______________________
6. C'est la ville où habite Amandine. ______________________

7. C'est une grande église. ______

8. Pour Paris, c'est la tour Eiffel. Et pour Liège, c'est le Perron. ______

9. On la trouve au milieu de la grande place en face de la mairie de Liège. ______

10. C'est un pays voisin de la France qu'Amandine aime beaucoup. ______

11. C'est une spécialité qui ressemble à la confiture. ______

12. Le Tchantchès est ? ______.

95|2 95|3

3 Tu dois présenter un pays ou une ville en classe. Qu'est-ce que tu dis? Relie les phrases qui vont ensemble.

▶ Les mots pour le dire, p. 211/10 et p. 212/12

Du gibst eine Übersetzung für ein Wort. 1	a Il s'agit d'une fontaine qui se trouve sur une petite place.
Du sagst, worum es sich bei einer Sehenswürdigkeit handelt und wo sie sich befindet. 2	b Mon endroit préféré, c'est le marché.
Du nennst deinen Lieblingsort. 3	c Le mot français pour «betch», c'est bise.
Du erklärst, wie eine Sehenswürdigkeit aussieht. 4	d Le symbole de ma ville, c'est une église.
Du erläuterst eine Spezialität. 5	e La bouillabaisse, c'est une soupe qu'on fait avec du poisson.
Du nennst das Wahrzeichen deiner Stadt. 6	f La mosquée ressemble à un château.

FR DE

95|4

4 Les parents de ton correspondant veulent passer une semaine à Dresde. Tu leur expliques ce que dit le prospectus. Tu peux utiliser les expressions de 3.

▶ Les mots pour le dire, p. 211/10

Willkommen in Dresden: Der Kulturstadt an der Elbe!

Oft sagt man, dass Dresden einer italienischen Stadt ähnelt, weil sich in der Innenstadt viele schöne Plätze, enge Straßen und alte Brunnen befinden. So wie in Florenz! Neben dieser alten Architektur findet man in Dresden weltberühmte Museen und großartige Denkmäler aus zahlreichen Epochen. Die berühmteste Kirche der Stadt ist die Frauenkirche. Das Wahrzeichen der Stadt ist der Dresdener Zwinger.

Dresden liegt an der Elbe, im Süd-Osten Deutschlands, in einer wunderschönen Region, die wegen ihrer Berge die „Sächsische Schweiz" heißt. Dort können sportliche Touristen lange Wanderungen durch die wunderschöne Natur machen. Man kann auch alte Schlösser besichtigen oder köstliche Weine kosten.

Eine Spezialität Dresdens ist der Dresdener Christstollen. Hier sagt man „Striezel". Es ist ein Kuchen, den man mit viel Butter, Rosinen und Gewürzen[1] zubereitet. Man isst ihn zu Weihnachten und er ist köstlich!

1 **Rosinen und Gewürze** des raisins secs et des épices

A:

Bonjour! Je peux vous donner des informations sur Dresde. Cette ville ressemble à une ville italienne parce qu'on y trouve beaucoup de jolies places …

6 B Qu'est-ce qu'on offre à Camille?

L 96|2 **1** a **Voici des expressions utiles pour faire le planning du week-end avec des copains. Retrouve les phrases et note-les avec les signes de ponctuation (si nécessaire).**

1. veut faire | personne ne | un pique-nique? | ça veut dire que

____

2. qu'on | je pense | faire du VTT | voulait

____

3. malheureusement | d'idée | je | pas | n'ai

____

4. la cuisine | on | faire | ensemble | pourrait

____

5. soir? | vous | samedi | le temps | avez

____

b **Traduis les phrases dans ton cahier.**

L 97|3 **2** **Océane n'est pas contente de son week-end. Complète par *personne ne* ... ou *rien ne* ...** ▶ Grammaire, p. 102/2

Océane

1. ______________________ se passe comme je veux.
2. Quel horreur! ______________________ peut venir à ma fête?!
3. Presque ______________________ a répondu à mon invitation.
4. ______________________ marche!
5. ______________________ pense à moi.
6. ______________________ change dans ma vie.

Shutterstock.com/SpeedKingz

3 ▶ 97|3

GRAMMAIRE MIXTE: Soufiane a passé un week-end bizarre. Sa copine Azra lui pose des questions. Complète par les réponses de Soufiane et utilise *personne ne ...*, *rien ne ...*, *ne ... personne* ou *ne ... rien*. ▶ Grammaire, p. 102/2

Personne n'a regardé le film.
Je **n'**ai appelé **personne**.
Rien ne s'est passé.
Je **n'**ai **rien** acheté.

1. – Est-ce que tu as appelé quelqu'un?
   – Non, *je n'ai appelé personne* ____________________.
2. – Est-ce que quelqu'un t'a parlé?
   – Non, ____________________.
3. – Est-ce que tu as écouté de la musique?
   – Non, ____________________.
4. – Est-ce que tu as vu ton chat? – Non, ____________________.
5. – Est-ce que tes parents ont préparé le dîner?
   – Non, ____________________.
6. – Est-ce que ça te fait peur? – Non, ____________________.

4 ▶ 97|5

Vous faites le planning du week-end. Tu aimerais aller au cinéma. Ton copain / Ta copine n'est pas d'accord: il/elle préfère faire une fête. Discutez pendant 3 à 4 minutes. A commence. Puis échangez les rôles.
▶ Les mots pour le dire, p. 214/20

Shutterstock.com/StoryTime Studio

Partenaire A	Partenaire B
– Du fragst ob **B** am Samstagabend Zeit hat.	– Du sagst ja und, dass du eine gute Idee hast.
– Du schlägst vor, dass ihr ins Kino gehen könntet, um den neuen Film mit Elyas M'Barek zu sehen.	– Du antwortest, dass der Film vielleicht nicht schlecht ist. Du machst einen Gegenvorschlag und sagst, du lieber eine Party organisieren willst.
– Du antwortest, dass ihr etwas zu zweit machen wolltet.	– Du sagst, dass das stimmt.
– Du ergänzt, dass der Film wirklich gut ist und dass Clara ihn schon gesehen hat.	– Du schlägst vor, dass ihr den Film am Sonntagnachmittag schauen könnt.
– Du sagst, dass du am Sonntag keine Zeit hast, weil du deine Hausaufgaben machen musst.	– Du sagst, dass es schade ist, dass **A** keine Party machen möchte und fragst warum.
– Du antwortest, dass du am Samstag lieber ins Kino gehen möchtest, weil du müde bist.	– Du sagst, dass du das verstehst und machst den Vorschlag, am nächsten Wochenende eine Party zu organisieren.
– Du sagst, dass du einverstanden bist.	– Du fragst, ob ihr euch am Samstag um 19 Uhr vor dem Kino treffen wollt.
– Du antwortest mit ja und dass du die Getränke im Kino kaufen wirst.	– Du sagst, dass das nett ist.

6 C En échange à Liège

98|1 **1** **À table. Qu'est-ce que tu dis? Coche la bonne phrase, puis apprends les bonnes phrases par cœur.**

1. Du bietest deinem Austauschschüler / deiner Austauschschülerin etwas von deinem Kuchen an.
   ☐ Tu peux me passer le gâteau? ☐ Tu en veux? ☐ J'en prends une.
2. Du sagst, dass etwas gut riecht.
   ☐ Ça sent bon! ☐ C'est délicieux! ☐ J'ai soif!
3. Du sagst, dass du gerne noch ein bisschen nimmst.
   ☐ Merci, je n'ai plus faim. ☐ Merci, j'en reprends encore un peu. ☐ Je peux aussi en avoir une?
4. Du sagst, dass etwas köstlich schmeckt.
   ☐ J'ai soif! ☐ C'est délicieux! ☐ Il n'y en a plus!
5. Du fragst, ob jemand dir die Wasserkaraffe reichen kann.
   ☐ Je peux en avoir beaucoup, s'il te plaît? ☐ Est-ce que je peux sortir de table? ☐ Tu peux me passer la caraffe d'eau, s'il te plaît?
6. Du wirst gebeten nachzuschauen, ob noch Baguette in der Küche steht. Du sagst, dass es keines mehr gibt.
   ☐ Il n'y en a plus. ☐ On va en racheter demain. ☐ J'en prends une.
7. Du sagst, dass du keinen Hunger mehr hast.
   ☐ J'ai encore un peu faim. ☐ Je meurs de faim. ☐ Je n'ai plus faim.

99|2 **2** a **Raphaël et Lukas veulent faire un gâteau au citron. Souligne les mots qui se répètent.**

A: Tu connais le gâteau au citron?
B: Oui, je fais souvent du gâteau au citron. Voilà la recette!
A: Bon, on a du sucre?
B: Oui, on a 100 g de sucre.
A: Il faut combien d'œufs?
B: Il faut deux œufs.
A: On a assez de farine?
B: Oui, on a 1 kg de farine.
A: On a encore du beurre?
B: Attends, je regarde. Non, on n'a pas de beurre. Il faut acheter du beurre.
A: Il faut aussi acheter des citrons, on n'a plus de citron.

Le gâteau au citron
100 g de sucre
200 g de farine
2 œufs
250 g de beurre
le zeste d'un citron

b **Réécris le dialogue dans ton cahier. Utilise le pronom *en*.** ▶ Grammaire, p. 103/3

3 **Ton/Ta corres te pose des questions. Réponds. Utilise le pronom *en*.** ▶ Grammaire, p. 103/3

1. – Est-ce que tu as des frères et sœurs?
   – ______________________________
2. – Est-ce que tu écris souvent des messages?
   – ______________________________

3. – Est-ce que tu connais des chanteurs français?

– ____

____

4. – Est-ce que tu as déjà vu des films français?

– ____

5. – Est-ce que tu écoutes de la musique française?

– ____

4 GRAMMAIRE MIXTE: **Jérémy fait la connaissance de Béatrix. Complète leur dialogue. Utilise *y* ou *en*.**

▶ Grammaire, p. 21/4, 103/3

– Tu es née à Liège?

– Non, je n' ______ suis pas née. J' ______ habite depuis un an et demi. Nous venons de Montpellier.

– Tu ______ retournes souvent?

– Oui, j' ______ suis allée trois fois: à Pâques, aux grandes vacances, en été, et à Noël. On ______ a retrouvé tous nos cousins. Mon frère et moi, nous ______ revenons toujours très heureux.

– Et qu'est-ce que vous avez fait pendant les vacances de la Pentecôte?

– On a visité Bruxelles! Ma mère adore l'Atomium: on ______ est monté vers 11 heures pour ______ sortir à 15 heures seulement. Et quand j' ______ suis descendue, je me suis sentie bizarre.

5 **Choisis une des deux photos et décris-la dans ton cahier.**

À gauche, / À droite, Au centre, Au premier plan[1], / À l'arrière-plan[2],	il y a ___. / on voit ___.

1 **au premier plan** im Vordergrund
2 **à l'arrière-plan** im Hintergrund

1

2

6 D Dépêche-toi! La Belgique t'attend!

100|1 **1** **Tu connais bien la Belgique? Fais le quiz.** ▶ Textes, p. 92–93, 100

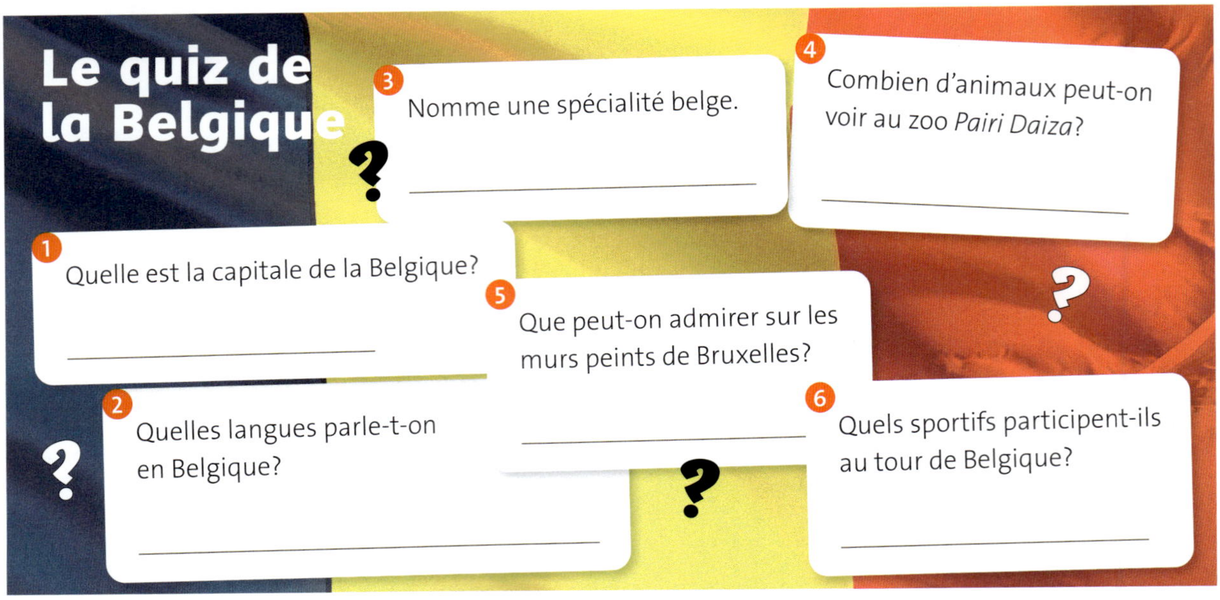

100|1b **2** **Tu fais un stage à une auberge de jeunesse à Bruxelles. Tu expliques aux touristes tout ce qu'on peut y faire.**

1. Du bist der Meinung, dass es sich lohnt, die bemalten Wände anzuschauen. *(ça vaut la peine)*

   ____

2. Du sagst, dass die Aussicht vom Atomium toll ist. *(la vue)*

   ____

3. Du findest, dass die Stadt im Sommer schöner ist als im Winter. *(en été qu'en hiver)*

   ____

4. Für Einkäufe empfiehlst du die „rue Neuve". Das ist die größte Einkaufsstraße in Brüssel. *(la rue la plus grande)*

   ____

101|4 **3** **Tu veux faire un stage au zoo *Pairi Daiza*. Qu'est-ce qu'on te dit? Retrouve le nom qui convient et souligne-le.**
▶ Grammaire, p. 103/4

1. Tu veux faire un stage / des photos / des expériences chez nous? Choisis-le dans ce programme.
2. D'abord, il me faut tes baskets / ton nom / ta carte d'identité. Donne-la-moi, s'il te plaît.
3. Ton père / Tes parents / Tes profs n'est pas d'accord. Explique-lui ton projet.
4. Tu as des tartines / une casquette / un portable? Prends-en pour le pique-nique.
5. Tes copains / Ta corres / Ton frère ont envie de faire un stage? Dis-leur de venir!
6. Tu adores les frites / les paysages / le sport? Photographie-les pendant ta promenade!

101|4

4 **Qu'est-ce qu'il ne faut pas faire sur le pont de corde? Le guide t'explique. Complète d'abord par le pronom correct, puis note ce que le guide dit. Utilise l'impératif négatif.** ▶ Repères, p. 119/4

1. *traverser* le pont trop vite — Ne/N' [le] ______________________.
2. *perdre* ta casquette — Ne/N' [ ] ______________________.
3. *rater* les paysages — Ne/N' [ ] ______________________.
4. *aller* tout seul dans la forêt — Ne/N' [ ] ______________________.
5. *avoir* peur des hauteurs (avoir peur **de** qc) — Ne/N' [ ] ______________________.

l'impératif négatif avec des pronoms objets: *ne* + pronom + verbe + *pas*

101|2

5 a **Regarde l'associogramme sur Munich et complète par les thèmes qui manquent.**

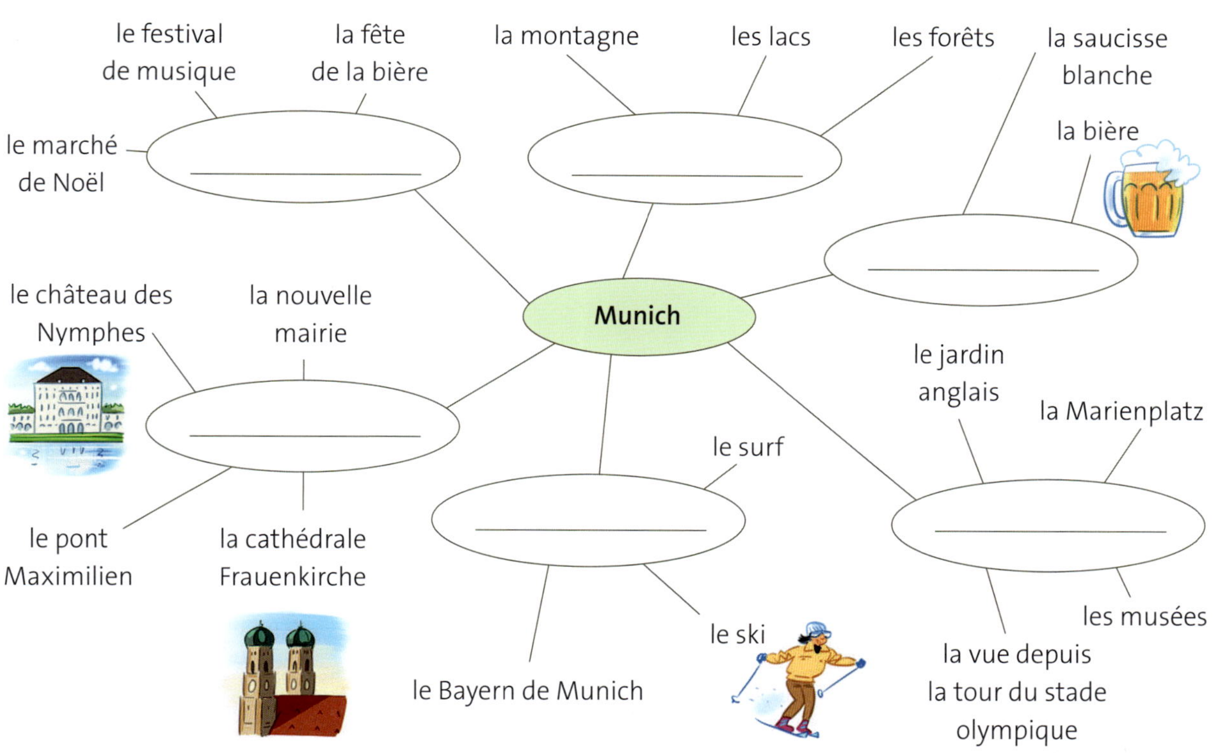

b **Fais un associogramme sur ta région / ta ville dans ton cahier.**

101|5

c **Présente ta région / ta ville. Trouve aussi un slogan à l'aide des mots de b et c. Écris dans ton cahier (60–80 mots).** ▶ Les mots pour le dire, p. 211/10

écouter visiter adorer préférer goûter monter faire chaud/froid construire photographier profiter de (ne pas) rater traverser se trouver au (sud) de (*ville*) découvrir voir ___	la région le bateau le beau temps le paysage le monument préféré la rue la plus célèbre le village le fleuve la spécialité ___

6 Fais le point

Hier überprüfst du, ob du den Stoff der *Unité 6* beherrschst. Die Lösungen findest du auf S. 96.

Vocabulaire

1 **Qu'est-ce que c'est? Trouve les mots. N'oublie pas son article.**

1. Quand un plat est très bon, il est __ __ __ __ __ __ __ __ __
2. On y boit de l'eau. __ __   __ __ __ __ __ __ __ __
3. C'est une maison très haute. __ __   __ __ __ __ __ __-__ __ __ __
4. C'est un quartier au cœur d'une ville. __ __   __ __ __ __ __ __ __-__ __ __ __ __
5. On l'achète pour voir un film au cinéma. __ __   __ __ __ __ __ __ __ __ __
6. Il écrit des livres. __'__ __ __ __ __ __

Les prépositions devant les noms de pays et l'article défini

2 GRAMMAIRE MIXTE: **Ils viennent d'où? Ils vont où? Fais des phrases avec les verbes *venir* et *aller*.**

1. Je ______________________________________.

2. Elle ______________________________________.

3. Ils ______________________________________.

4. Nous ______________________________________.

5. Tu ______________________________________.

Le pronom *en*

3 **Miam, il y a des frites! Fais les phrases. Utilise le pronom *en*. Écris dans ton cahier.**

je / *avoir* envie

je / *vouloir* aussi

prendre!

tu / *faire* encore

je / *avoir* marre

107|3

1 **Au 22e siècle, tout sera différent. Complète les phrases par des formes au futur simple.** ▶ p. 107/2

1. On ______________ dans plusieurs pays à la fois[1] et on ______________ dix à douze langues! (*travailler / parler*)
2. Il n'y ______________ plus de portables et on ______________ avec des «nanophones». (*avoir / téléphoner*)
3. Les gens ne ______________ plus pour faire leurs courses et ils ______________ en vacances dans des voitures volantes[2]. (*sortir / partir*)
4. Nous ______________ peut-être sur d'autres planètes et nous ______________ l'avenir[3] sur des tablettes[4]. (*habiter / lire*)

1 **à la fois** gleichzeitig 2 **la voiture volante** das fliegende Auto 3 **l'avenir** *m.* die Zukunft 4 **la tablette** das Tablet (Computer)

107|3

2 a **Le dernier jour au collège, Léonard prend des bonnes résolutions[1] pour l'année prochaine. Complète ce qu'il dit par des formes des verbes suivants au futur simple.** ▶ p. 107/2 1 **prendre des bonnes résolutions** gute Vorsätze fassen

attendre aller avoir écouter être faire finir lire prendre

1. Je ______________ mes devoirs tous les jours.
2. J'______________ les profs.
3. Je n'______________ plus de 0 en maths.
4. Je ______________ plus sympa avec les autres.
5. Je ______________ plus de livres.
6. Je ______________ mes devoirs avant le dîner!
7. J'______________ ma sœur après les cours.
8. Je ______________ le bus avec elle.
9. J'______________ au CDI une fois par semaine.

107|3

b **Dédé et Jojo sortent de prison[1]. Quelles sont leurs bonnes résolutions pour l'avenir[2]? Imagine. Écris au moins six phrases comme en a dans ton cahier. Utilise le futur simple.**

1 **la prison** das Gefängnis 2 **l'avenir** *m.* die Zukunft

3 Les Leclerq parlent de ce qu'ils veulent faire demain. Qu'est-ce qu'ils disent? Complète les phrases. ▶ p. 107/4

107|5

1. S'il ______________ beau demain, nous ______________ à la plage. (*faire / aller*)
2. S'il y ____ des belles vagues, vous ______________ faire du surf. (*avoir / pouvoir*)
3. Et s'il pleut, nous ______________ au camping et les enfants ______________ aux cartes. (*rester / jouer*)
4. Si vous ______________, on ______________ l'après-midi en ville. (*vouloir / passer*)
5. Si on ____ le temps, on ______________ des souvenirs. (*avoir / acheter*)

4 Des jeunes sont en colonie de vacances. Qu'est-ce qu'ils disent? Écris les phrases conditionelles dans ton cahier. ▶ p. 107/4

107|5

Exemple: 1. S'il fait beau, nous irons à la plage.

1. faire beau – nous / aller à la plage
2. vous / être d'accord – on / jouer au volley
3. nous / avoir assez d'argent – nous / manger une glace

4. vous / vouloir – nous / faire un tour en bateau
5. nous / préparer des salades – nous / pouvoir organiser un pique-nique
6. on / avoir le temps – on / aller au parc d'attraction

5 Trouve pour chaque début de phrase une fin possible. ▶ p. 107/4

107|5

1. Si ça continue comme ça, *je pars/partirai sans toi* ______________.
2. Si tu veux, ______________.
3. Si ______________ n'est pas là dans cinq minutes, ______________.
4. On ira au cinéma si/s' ______________.
5. Si j'ai assez d'argent, ______________.

Annexe: Lösungen Fais le point!

Ist dein Ergebnis ○, ◍ oder ●? Löse die empfohlene Förder- oder Zusatzübung in der Beilage.
○ Du hast die meisten Lösungen leider nicht gefunden. Das kannst du besser! Übe weiter.
◍ Du hast mindestens die Hälfte richtig.
● Du hast höchstens einen Fehler. Versuche, diese Übung zu knacken.

Unité 1, p. 16–17

1 1. 1889 2. 2011 3. 1804 4. 1504

○ ▶ Beilage, S. 2/**1**A ◍ ▶ Beilage, S. 2/**1**B ● ▶ Beilage, S. 2/**1**C

2 Salut Isa, Je **me sens** bien dans le quartier mais pas dans mon collège. Il est loin de la maison alors je **me lève** tôt. Ensuite je **m'habille**, je **me douche** et je **me maquille**. Je **me dépêche** pour prendre le métro. Au collège, on a beaucoup de travail et on ne **s'entraîne** pas assez. Mais il y a Léo! Nous **nous rencontrons** le mardi au club de tennis. Le soir, je **me couche** souvent après 22 heures à cause des devoirs! Bises, Véra
P.-S.: Tu **t'entraînes** toujours avec Viki au basket?

○ ▶ Beilage, S. 2/**2**A ◍ ▶ Beilage, S. 3/**2**B ● ▶ Beilage, S. 3/**2**C

3
1. la plus écologique; la plus moderne; la plus chic
2. la plus célèbre; la plus intéressante
3. le plus romantique; le moins stressé
4. meilleure; le moins traditionnel

○ ▶ Beilage, S. 3/**3**A ◍ ▶ Beilage, S. 4/**3**B ● ▶ Beilage, S. 4/**3**C

4
1. Il demande si vous connaissez déjà Berlin.
2. Il dit que Berlin est la capitale de l'Allemagne.
3. Il dit que pour lui, Berlin est la ville la plus intéressante d'Allemagne.
4. Il dit que nous voyons ici la tour de télévision, le monument le plus célèbre de la ville.
5. Il demande si nous voulons la visiter maintenant ou plus tard.
6. Il demande si nous préférons aller faire du shopping dans le centre commercial.

○ ▶ Beilage, S. 4/**4**A ◍ ▶ Beilage, S. 5/**4**B ● ▶ Beilage, S. 6/**4**C

5
a. Ils y servent des escargots.
b. Non, il vaut mieux y aller à pied.
c. Non, on y est allés hier.
d. On peut y acheter des fringues pas chères.
e. Il y retrouve ses copains du foot.
f. Il faut y être à dix heures.

1 → b 2 → d 3 → f 4 → e 5 → a 6 → c

○ ▶ Beilage, S. 6/**5**A ◍ ▶ Beilage, S. 6/**5**B ● ▶ Beilage, S. 6/**5**C

6
1. La tour Eiffel est le monument le plus célèbre de Paris.
2. Je me sens bien à Paris.
3. Je n'aime pas me lever tôt.
4. Je vais à l'école en métro.
5. Il vaut mieux changer à la prochaine station.
6. Au restaurant, je prends toujours une glace comme dessert.

○ ▶ Beilage, S. 7/**6**A ◍ ▶ Beilage, S. 7/**6**B ● ▶ Beilage, S. 7/**6**C

Unité 2, p. 30–31

1

1. l'amitié
2. la confiance
3. le respect
4. partager
5. le défaut
6. la qualité
7. heureux
8. rigoler

○ ▸ Beilage, S. 8/**1**A ◉ ▸ Beilage, S. 8/**1**B ● ▸ Beilage, S. 9/**1**C

2

1. Qui est-ce qui t'appelle?
2. Qu'est-ce que tu lis?
3. Qui est-ce que tu préfères?
4. Qui est-ce qui déménage?
5. Qu'est-ce que vous faites?
6. Qu'est-ce qui peut t'aider?

○ ▸ Beilage, S. 9/**2**A ◉ ▸ Beilage, S. 10/**2**B ● ▸ Beilage, S. 10/**2**C

3

1. où 2. qui 3. que 4. qui 5. où 6. que

○ ▸ Beilage, S. 10/**3**A ◉ ▸ Beilage, S. 10/**3**B ● ▸ Beilage, S. 11/**3**C

4

1. vieil; triste; jeune/jolie; joyeuse
2. grand; courageux; petit; romantique
3. jolie/jeune; amoureuse; beau; intello

○ ▸ Beilage, S. 11/**4**A ◉ ▸ Beilage, S. 12/**4**B ● ▸ Beilage, S. 12/**4**C

5

1. Mon meilleur ami s'appelle Bob.
2. On s'entraide et je lui raconte tout.
3. Bob est joyeux et il a toujours envie de faire quelque chose avec moi.
4. Nous sommes pareils. Nous nous intéressons aux dessins animés.
5. La nouvelle copine de Bob ne me plaît pas. Elle est nulle.

○ ▸ Beilage, S. 12/**5**A ◉ ▸ Beilage, S. 13/**5**B ● ▸ Beilage, S. 13/**5**C

Unité 3, p. 44–45

1

1. les cours
2. le brevet
3. le lycée
4. l'école primaire
5. la cafétéria / la cantine
6. le sponsor
7. la réunion
8. les correspondants/correspondantes

○ ▸ Beilage, S. 14/**1**A ◉ ▸ Beilage, S. 14/**1**B ● ▸ Beilage, S. 14/**1**C

2

1. elle finit
2. nous agissons
3. vous avez choisi
4. tu réfléchis
5. je crois
6. ils ont agi

○ ▸ Beilage, S. 15/**2**A ◉ ▸ Beilage, S. 15/**2**B ● ▸ Beilage, S. 15/**2**C

3
1. plus lourd que
2. moins écologique que
3. moins stressés que
4. aussi intéressant que
5. aussi sévères
6. meilleurs que

○ ▸ Beilage, S. 16/**3**A ◉ ▸ Beilage, S. 16/**3**B ● ▸ Beilage, S. 16/**3**C

4 **a**
1. quand
2. autrefois
3. souvent
4. fin août
5. chaque été
6. tous les jours

○ ▸ Beilage, S. 17/**4**A ◉ ▸ Beilage, S. 17/**4**B ● ▸ Beilage, S. 17/**4**C

b
1. Autrefois; travaillaient; avaient
2. Chaque été; emmenaient; restions
3. À l'époque; habitaient
4. tous les jours; allions
5. Souvent; retrouvait; nous amusions
6. Quand; arrivaient; était
7. Fin août; finissaient; partait

○ ▸ Beilage, S. 17/**4**A ◉ ▸ Beilage, S. 17/**4**B ● ▸ Beilage, S. 17/**4**C

5
1 → b 2 → e 3 → f 4 → c 5 → d 6 → a

○ ▸ Beilage, S. 18/**5**A ◉ ▸ Beilage, S. 18/**5**B ● ▸ Beilage, S. 18/**5**C

Unité 4, p. 62–63

1
1. J'aime bien les animaux. C'est pourquoi je veux faire un stage dans un zoo.
2. L'avantage de mon job d'été c'est que je peux travailler dehors.
3. Par contre, je dois souvent me lever tôt.

○ ▸ Beilage, S. 19/**1**A ◉ ▸ Beilage, S. 19/**1**B ● ▸ Beilage, S. 19/**1**C

2
Ce week-end, je ne **me suis** pas **ennuyée** avec ma copine Charlotte. Dimanche, nous **nous sommes levées** à 9 heures. D'abord, je **me suis occupée** de ses chats. Ensuite, nous **nous sommes habillées** pour retrouver Rémi à la piscine. Charlotte **s'est entraînée** pour un concours de natation. Rémi et moi, on **s'est** bien **amusés**! Après la piscine, nous **nous sommes dépêchés** pour sortir. Rémi **s'est habillé** assez vite, mais nous les filles, nous **nous sommes maquillées** pendant une heure!

○ ▸ Beilage, S. 20/**2**A ◉ ▸ Beilage, S. 20/**2**B ● ▸ Beilage, S. 20/**2**C

3
1. sait 2. peuvent 3. peuvent 4. sait 5. sait

○ ▸ Beilage, S. 21/**3**A ◉ ▸ Beilage, S. 21/**3**B ● ▸ Beilage, S. 22/**3**C

4
1. No habitait déjà dans la rue quand Lou a rencontré la jeune fille.
2. Le grand reporter Tintin et son chien Milou cherchaient depuis longtemps le bateau «la Licorne» quand ils ont fait la connaissance du Capitaine Haddock.
3. Philippe n'avait plus confiance en la vie quand Driss a commencé à travailler pour lui.

○ ▸ Beilage, S. 22/**4**A ◉ ▸ Beilage, S. 22/**4**B ● ▸ Beilage, S. 23/**4**C

5
1 → d 2 → a 3 → f 4 → g 5 → e 6 → c 7 → b

○ ▸ Beilage, S. 23/**5**A ◉ ▸ Beilage, S. 24/**5**B ● ▸ Beilage, S. 24/**5**C

Unité 5, p. 76–77

1 le couteau / l'opinel; le fleuve / la Loire; voler / le voleur; l'ambiance; le type; la pluie; la centrale nucléaire; le château (d'Amboise); le feu d'artifice; le pique-nique; le sac de couchage (trempé); le porte-monnaie; boire (un chocolat chaud)

○ ▸ Beilage, S. 25/**1**A ◉ ▸ Beilage, S. 25/**1**B ● ▸ Beilage, S. 25/**1**C

2

1. avons fait
2. était
3. faisait
4. était
5. allait
6. suis passé/e
7. est tombé
8. est sorti
9. avait
10. sont venus
11. a réussi
12. étions

○ ▸ Beilage, S. 26/**2**A ◉ ▸ Beilage, S. 26/**2**B ● ▸ Beilage, S. 27/**2**C

3 1. boire 2. buvez 3. boivent 4. boit/bois 5. ai bu 6. bois 7. buvons 8. bois

○ ▸ Beilage, S. 28/**3**A ◉ ▸ Beilage, S. 28/**3**B ● ▸ Beilage, S. 29/**3**C

4

1. Bonjour, Monsieur/Madame. Je voudrais faire une déclaration (de vol).
2. Est-ce que vous pouvez décrire le voleur?
3. Est-ce que l'hôtel est complet?
4. Je suis désolé(e), mais c'est trop cher.
5. Je ne peux probablement pas venir à ta fête d'anniversaire.
6. Mais on pourrait peut-être se retrouver la semaine prochaine.

○ ▸ Beilage, S. 29/**4**A ◉ ▸ Beilage, S. 30/**4**B ● ▸ Beilage, S. 30/**4**C

Unité 6, p. 90

1

1. délicieux
2. la fontaine
3. le gratte-ciel
4. le centre-ville
5. le billet
6. l'auteur

○ ▸ Beilage, S. 31/**1**A ◉ ▸ Beilage, S. 31/**1**B ● ▸ Beilage, S. 31/**1**C

2

1. Je viens des États-Unis et je vais en Belgique.
2. Elle vient d'Allemagne et elle va au Sénégal.
3. Ils viennent du Québec et vont en France.
4. Nous venons de Tunisie et nous allons aux États-Unis.
5. Tu viens de Belgique et tu vas au Canada.

○ ▸ Beilage, S. 31/**2**A ◉ ▸ Beilage, S. 32/**2**B ● ▸ Beilage, S. 32/**2**C

3

1. J'en ai envie.
2. J'en veux aussi.
3. Prends/Prenez-en!
4. Tu en fais encore?
5. J'en ai marre.

▸ Beilage, S. 32/**3**A ◉ ▸ Beilage, S. 33/**3**B ● ▸ Beilage, S. 33/**3**C